Destellos

Reflexiones que darán más luz a tu vida

CÉSAR
LOZANO

Destellos
Reflexiones que darán
más luz a tu vida

AGUILAR

Copyright © César Lozano 2010

De esta edición:
D. R. © Santillana Ediciones Generales, S.A. de C.V., 2010.
Av. Universidad 767, Col. del Valle.
México, 03100, D.F. Teléfono (55 52) 54 20 75 30
www.editorialaguilar.com

Primera edición en Aguilar: abril de 2010
Sexta reimpresión: marzo de 2011
ISBN: 978-607-11-0481-6

Diseño de portada y de interiores: Víctor M. Ortiz Pelayo - www.nigiro.com
Fotografía del autor: Marcelo Álvarez

Impreso en México

Índice

Agradecimientos

Cuando publiqué mi primer libro: *¡Despierta!... que la vida sigue*, no imaginé la cantidad de testimonios que recibiría; todos ellos fueron de personas que lo leyeron y encontraron en él una esperanza; renovaron su entusiasmo por vivir y, con ello, afianzaron mi intención de publicar un segundo libro. Gracias, de corazón, por seguirme ya sea a través de mis publicaciones o escuchando alguno de mis discos compactos.

Agradezco a mi esposa Alma, por creer en mí y manifestarme su amor de tantas maneras.

A mis hijos, César y Alma, por el entusiasmo y capacidad de asombro que me transmiten con tanto amor.

A mi padre, por su participación activa en la revisión de todas y cada una de las reflexiones contenidas en esta obra.

A mis amigos, quienes con su presencia fortalecen mi espíritu y me ayudan a renovar el entusiasmo para realizar este trabajo que tanto quiero.

A quienes colaboran directamente conmigo, mis compañeros, pues sin su profesionalismo y entrega sería imposible llegar a tantas personas a través de conferencias, seminarios y publicaciones.

Gracias mamá, porque a pesar de tu ausencia, te siento en cada logro, al subir un peldaño más de esta maravillosa profesión, que tanto te enorgullecía.

¡Deseo que este libro sea capaz de dejar en tu vida más *Destellos de esperanza*!

Prólogo

Cuando la oscuridad parece inundar todo lo existente, y la noche no da signos de replegar su manto, las cosas parecen derrumbarse. El mundo se nos viene encima porque los problemas nos agobian, porque no llega una respuesta capaz de liberarnos, porque el tiempo cambia su forma y las horas trascurren lenta y, a veces, dolorosamente. Entonces, buscamos en el cielo una demostración del poder divino, algo que nos muestre la salida del laberinto, muchas veces no lo encontramos o no somos capaces de descifrarlo.

En esos momentos de oscuridad, un rayo de luz, por pequeño que sea, puede iluminar el día, darle sentido a lo que parecía perdido. Una palabra es capaz de detener el paso que está al borde del abismo, de salvarnos porque nos abre los ojos, mostrando que nos ahogamos en un vaso con agua, en un charco que confundimos con el océano. Una sola palabra tiene la capacidad de ayudarnos a ver la belleza de la vida que trasciende el cerco de problemas.

Basta un *destello* para mostrarnos el camino, como una mano que nos guía. Basta una frase para hacernos comprender que no todo está perdido, que la esperanza es lo único que nos queda, para asirnos de ella y evitar el naufragio. Y son precisamente esos *destellos* los que nos presenta César Lozano, gotas de luz vueltas tinta, reflexiones que muestran otra forma de entender la vida, palabras que detienen e impulsan; evitan el desplome e impulsan en una nueva dirección. Con estos *destellos*, comprendemos que la vida no es tan complicada como la hemos querido ver, que la vida es un sendero por donde camina el milagro, el privilegio de respirar, pensar, dormir y soñar con la esperanza de un nuevo día.

César Lozano no ofrece recetas o técnicas para sacarnos la lotería y "ser felices"; no da la solución a todos los problemas, ni comparte doce verdades que habrán de curarnos las penas; en cambio, en *Destellos*, César comparte sus reflexiones sobre la vida, a través de ellas nos da la posibilidad de mirar el mundo con otros ojos, asumir actitudes diferentes y ser positivos. La premisa es practicar el amor y la comprensión, valores que enriquecen la existencia y que, además, dotan al libro de un valor, que atrapa la atención, se disfruta y deja provechosas enseñanzas.

Basta un *destello* para aprender a observar la belleza que se extiende ante nuestros ojos, para dejar de mirar abajo y levantar la vista, para observar el camino interminable y sorprenderse, porque la respuesta al existir está en el interior de cada uno, y César lo entiende, por eso comparte sus textos; sabe que el libro es un amigo ejemplar que da todo lo que guarda, sin pedir, y tiene la capacidad de ablandar nuestro corazón en los momentos de dureza o nos da vigor cuando podemos flaquear. La palabra es el instrumento del ser humano, es su lenguaje, el libro lo rescata y la hace universal.

Las palabras de César Lozano son un punto de apoyo, un alto en el camino para replantear la estrategia, para renovar la energía, son una invitación a no caer, a no permanecer en la orilla; en fin, son *destellos* que darán luz a tu vida.

Le doy las gracias a mi amigo, el doctor César Lozano, hombre bueno y generoso, por invitarme a hacer este prólogo y ser su primer editor. Espero que disfruten la lectura de este libro.

José Luis Font
Monterrey, Nuevo León, septiembre de 2007

Introducción

Definir la palabra oscuridad es complicado, quizá podríamos decir que significa no ver nada, el color negro, o la incertidumbre que se genera al no poder identificar lo que nos rodea. Sin duda, el término que más me agrada es: la oscuridad es la ausencia de luz.

La presencia de luz, desde mi perspectiva, puede compararse con la capacidad que todos poseemos de iluminar la vida de los demás. Relaciono esta presencia de diversas maneras, quizá te han dicho, al iluminar la existencia de otro, algo como: "¡Eres un ser lleno de luz!", ¡qué halago más grande!, ¡qué forma de hacerte saber que eres importante! Es maravilloso escuchar que con tu presencia iluminas la casa, la reunión o el trabajo.

Las personas luminosas, cuando saludan con una sonrisa, dejan destellos de luz y un aura incandescente que, simple y sencillamente, atrae a quienes no tienen luz en su vida, y no sólo eso, esos destellos hacen la diferencia en circunstancias adversas. En muchos casos, las personas luminosas no son conscientes de la luz que emanan.

Este libro está escrito con el propósito de darte destellos que te ayuden a reconocer y valorar lo que tienes. Fue construido a partir de una serie de reflexiones publicadas en prensa, revistas especializadas, o compartidas en el programa de radio *Por el placer de vivir*, aunque han sido enriquecidas con nuevos conceptos.

Quizá seas uno de esos seres que dejan una estela a su paso, y disminuyes la oscuridad en la que habitan quienes te rodean; tal vez regalas destellos de luz capaces de hacer volver la esperanza donde se ha perdido. "Esperanza" es una palabra que nos recuerda que no todo está perdido, que siempre hay una salida y que, por más adversa que sea la situación, todo pasa. Aun la muerte es parte de la vida, el último paso a dar en este mundo, y confiamos en que viene algo mejor.

Emanas luz cuando creas armonía donde no la hay. Cuando evitas pelear por imponer tu verdad y respetas la verdad de los otros, cuando buscas acuerdos que beneficien a ambas partes. También lo haces cuando no buscas imponerte al destruir los argumentos de los demás, porque sabes que la llave de entrada al corazón más difícil te pertenece cuando eres capaz de reconocer sus cualidades, lo mismo sucede cuando no sólo oyes, sino escuchas a quienes te rodean.

Qué luz tan intensa emanas cuando recuerdas que detrás de una persona difícil, hay una historia difícil; es decir, cuando comprendes que quizá su historia personal la lleva a actuar como lo hace.

También eres luminoso cuando le pones un valor agregado a lo que haces; cuando tu toque personal hace la diferencia en cualquier actividad, cuando eres capaz de hacer sentir bien a los otros con frases o detalles dados en el momento oportuno. También cuando atesoras esa cualidad común en los niños que, con el paso de los años, tendemos a perder: el asombro, el admirarnos por las cosas "simples" de la vida que suelen ser las más significativas. Es maravilloso asombrarnos por sentir, ver y escuchar lo que cada día nos regala y que, sin embargo, no valoramos por la prisa en que vivimos.

Emites luz cuando tienes claro lo que quieres, sabes a dónde vas y disfrutas el camino. Conocer la meta es fundamental para que la vida tenga un rumbo, aspirar a una vida mejor es admirable, pero vivir cada día luchando por alcanzar ese fin, sin disfrutar el ahora, es terrible. De nada vale pasar los años anhelando una vida mejor si no se disfruta el presente.

Emites luz cuando te enfocas en lo positivo, cuando valoras y fortaleces tus cualidades y reconoces tus defectos, evitando a toda costa caer en la tentación de culpar a la mala suerte por tus adversidades. Somos consecuencia de nuestros actos. Nuestro pasado influye en nuestro presente y nuestro presente impactará el futuro.

Vale la pena proponernos dar luz a través de nuestros actos y palabras. Qué triste sería irnos de este mundo sin haber hecho de él un lugar mejor. Qué oscuridad tan grande se experimenta al estar y no hacer sentir, al dar por obligación y no con alegría. Entre más destellos emanes, más alegría sentirás en el corazón, y con el paso del tiempo comprenderás que la vida adquiere sentido cuando das con alegría, y aprendes a recibir con gratitud.

Deseo que este libro, *Destellos. Reflexiones que darán más luz a tu vida*, te ayude a emitir la luz necesaria para que la oscuridad del miedo, el desamor, la incertidumbre y la apatía desaparezcan. Que tu vida sea una bendición para quienes sufren y se desesperan, y que al final de los días puedas expresar con satisfacción: ¡Misión cumplida!

¿Por qué a mí?, ¿por qué yo?

Destellos de fortaleza ante la adversidad

"¿**P**or qué vivo esta tragedia? ¡No puede ser! ¡No es justo! ¿Por qué yo?" En algún momento de la vida nos hemos formulado estas preguntas, nos hemos lamentado, hemos creído que tal o cual circunstancia adversa no debió sucedernos; suponemos que estamos exentos de sufrir algún descalabro, de padecer alguna pena.

Podemos ver las desgracias que viven otros con cierta indiferencia; nos damos cuenta de que alguien sufrió un accidente, aparentemente asumimos que todos estamos expuestos a que nos suceda, pero "tocamos madera" para sentirnos exentos de vivir algún sufrimiento. Que algo triste o lamentable le suceda a otros nos parece "natural", tal vez nos conmueva un poco y nada más pero, la sola posibilidad de que nos suceda, ¡Dios nos libre!

Por naturaleza, anhelamos ser felices, es una necesidad. Casi podría asegurar que es el estado natural del ser humano, la aspiración máxima: ser felices y gritarlo a los cuatro vientos, demostrarlo a quienes nos rodean. Sin embargo, hay que saber que ser felices no implica vivir sin tener problemas, sino enfrentarlos con lo mejor de nosotros mismos, saber vivir, sacarle a la vida lo mejor que pueda darnos.

Además, necesitamos ser conscientes de que por el solo hecho de ser humanos, nuestra vida puede verse afectada de diversas maneras: factores ambientales que no podemos controlar, o sociales; es decir, por ser parte de una sociedad donde el ejercicio de las libertades de los individuos puede influir en la vida, para bien o para mal. De la misma forma en que aceptamos esto, debemos asumir que es una responsabilidad personal decidir nuestras reacciones ante cual o tal circunstancia o, en otras palabras, elegir la forma en que reaccionamos ante una ofensa, enfrentamos algún peligro o manejamos el dolor. Eso depende de cada quien. No es lo que nos pasa lo que nos afecta, sino cómo reaccionamos a ello.

Dijo Benjamín Franklin:

Cuando reflexiono, cosa que hago frecuentemente, sobre la felicidad que he disfrutado, a veces me digo que si se me ofreciera de nuevo exactamente la misma vida, la volvería a vivir de principio a fin. Todo lo que pediría sería el privilegio de un autor que corrigiera en una segunda edición, algunos errores de la primera.

La madurez se pone a prueba cuando, al enfrentar alguna adversidad, se es capaz de reaccionar con prudencia y entereza, conservar la ecuanimidad; es decir, a la gente se le mide en la adversidad. Andar bien cuando las cosas están bien no tiene relevancia, pero controlar las emociones cuando hay razones suficientes para no hacerlo, es un gran logro.

Sufren quienes se desesperan, quienes no tienen la capacidad de aceptar lo inevitable; es posible reconocerlos hasta en las situaciones comunes, cotidianas y simples; por ejemplo, conducimos el auto, tenemos prisa debido a la mala planeación del tiempo; para colmo, en cada semáforo nos topamos con la luz roja; en ese momento podemos reaccionar maldiciendo, haciendo berrinche, insultando a quien sea, o podemos elegir conservar la calma y esperar a que cambie el semáforo en el tiempo que tiene programado, no en el nuestro, y seguir el camino.

Si optamos por hacer lo primero, nos llenamos de coraje y maldecimos a todo el mundo, no avanzaremos más aprisa, pero afectaremos al hígado y al corazón con el berrinche, y aceleraremos el proceso de envejecimiento. Si optamos por lo segundo, nada nos alterará, el semáforo cambiará y podremos llegar a nuestro destino con mejor semblante y una actitud positiva.

Observé a un hombre resbalarse en un centro comercial, su pantalón se rompió y mostró lo que nunca soñó enseñar. ¡Lo hubieras oído! Tiró gritos e insultos lo mismo para los afanadores, que para los gerentes y dueños del inmueble, ¿qué logró con eso?, que hasta quienes no habían notado su accidente, tuvieran ocasión de reírse, burlarse y compadecerlo. Tal vez si después de caer se hubiera levantado calladito, riéndose y asimilando lo sucedido, seguramente se habría sentido mejor. Nada es tan trágico.

Reaccionar ante lo que nos pasa es una decisión personal; sin embargo, muchas veces nuestras reacciones no sólo nos afectan en lo individual, sino que impactan a quienes nos rodean, a quienes amamos y, luego, cuando reflexionamos, comprendemos que magnificamos las situaciones por no reaccionar correctamente, entonces nos molestamos y nos avergonzamos por haber explotado. Un hombre se distingue de los demás por lo que su espíritu puede aportar y porque sabe controlar las manifestaciones de su naturaleza, considerando las debilidades personales y las de sus semejantes.

Siempre he pensado, y espero que estés de acuerdo conmigo, que noventa por ciento de las cosas que nos ocurren durante el día están decididas por nosotros. Esto quiere decir que de lo que nos pasa, sólo diez por ciento se adjudica a factores sobre los que no tenemos control.

Hay autores que afirman que el proceso de adaptabilidad ante una adversidad inicia desde el momento en que aceptamos nuestra responsabilidad en un hecho por simple que parezca, aseguran que en lo que nos sucede, hicimos "algo" para provocarlo. Si un hombre abusa del alcohol y el tabaco, duerme mal y come peor, pone todo de su parte para lograr una vida miserable, tanto por su precaria salud física como por su deterioro mental, condiciones idóneas para adquirir enfermedades que sólo se terminan con la muerte.

Yo prefiero ser más cauteloso. En lo que nos ocurre, noventa por ciento de la causa la aportamos nosotros: "Nos aceleramos", no pensamos las consecuencias, no nos cuidamos, no usamos las palabras adecuadas, no llegamos a tiempo; en pocas palabras, no tenemos la preparación para enfrentar tal o cual situación.

No se trata tampoco de hacernos una autoflagelación para sentirnos culpables, incapaces de sobrellevar las situaciones que nos incomodan y nos molestan. Simplemente deseo que consideres que de lo que nos pasa, nosotros aportamos noventa por ciento de los ingredientes para que suceda, sólo el diez por ciento restante depende de otros factores; espero que no caigamos en la tentación de encajonar en ese pequeño fragmento todo lo que nos ocurra.

Lo que intento decir es que, así como hay circunstancias que no dependen de nosotros, hay otras que creamos; por supuesto no me refiero a hechos donde provocamos situaciones indeseables como ponernos en medio de las vías por donde corre el ferrocarril, tratando de detenerlo: seguramente nos hará pedazos; obviamente esa estupidez fatal es totalmente provocada; hablo de circunstancias simples donde nuestras acciones marcan el rumbo de las cosas, tampoco me refiero a aquellas que no podemos evitar porque las manda quien todo lo puede, pero que, sin embargo, debemos aceptar, asimilándolas con resignación y entereza.

Siempre que algo sucede, porque sucederá aunque no nos guste, tenderemos a preguntarnos: "¿Por qué yo?", y sin embargo eso no nos llevará a nada. Si asumimos nuestra responsabilidad y transformamos el "¿Por qué yo?", en un "¿Para qué?", podremos encontrar el sentido de lo vivido y superar de forma efectiva la adversidad. Un por qué nos permitirá analizar hechos; un para qué les dará sentido.

La vida es movimiento, por tanto, los accidentes, adversidades y malos momentos se presentarán una y otra vez a lo largo de la existencia, así que nos corresponde decidir cómo reaccionar ante ellos: lamentándonos, enfrentando las complicaciones, asimilando y aprendiendo para continuar el camino.

Es mejor pensar para qué sucedió tal cosa, y qué obtendremos de lo sucedido, en qué nos va a beneficiar, en vez de lamentarnos y tratar de entender por qué sucedió. Deseo que la vida siga siendo para ti una gran aventura donde tengas la fortaleza necesaria para afrontar y salir avante de cuanta adversidad se anteponga a tu felicidad.

Perdono, pero no olvido

Destellos de arrepentimiento y perdón

Sigo asombrándome de la cantidad de veces que escucho esta frase. Personas que expresan continuamente su intranquilidad al decir que no han podido perdonar a alguien por no olvidar el agravio. En otro libro hablé brevemente sobre esto, pero esta vez quiero ahondar en el tema.

Desde que inicié el programa de radio en mi ciudad, he recibido una gran cantidad de correos electrónicos de personas que confunden el olvido con el perdón. Quiero decirte que hay agravios que son imposibles de olvidar, como la traición, o el daño remediable o irremediable a un ser querido. ¿Cómo olvidar una infidelidad? Resulta difícil.

A lo largo de la vida nos vemos inmersos en diversos agravios que, si queremos, podemos acumular hasta llenar nuestro interior de un sinfín de motivos que justifican estar amargados y tristes. Una cosa es el recuerdo y otra muy diferente el perdón. Tú y yo, en este momento, si nos lo proponemos, podemos recordar múltiples agravios recibidos; estoy seguro de que muchas de estas ofensas ya las perdonaste, y las recuerdas sólo porque te lo propones. ¿Tú crees que por recordar no has perdonado?, puedes saber si perdonaste o no cuando identificas el tipo de sentimiento que acompaña al recuerdo.

Existen personas que se han propuesto no perdonar, que recuerdan, una y otra vez, episodios que las llevan a sentir amargura y dolor. Llenan su mente de pensamientos negativos y se aferran a imágenes que no deberían generar más que sentimientos neutros porque son parte del pasado, pero las mantienen vigentes porque las reviven con rencor y odio.

Cuántas veces hemos escuchado a alguien decir, después de habernos contado el agravio sufrido: "Perdono, pero no puedo olvidar." Es más, seguramente nosotros lo hemos afirmado; por más que lo hemos intentado, no olvidamos el agravio aunque hayamos perdonado.

Olvidar tal o cual ofensa no implica perdón absoluto; una cosa es la memoria y otra el perdón. No es el olvido lo que hace la diferencia, sino la actitud que asumimos cuando queremos quitarnos el lastre del rencor o del resentimiento por la ofensa recibida.

Anidar en la mente y corazón buitres de odio sólo ocasionará que se nos llene el alma de roña, cuyo escozor nos causará inquietud, intranquilidad y nos hará infelices; espantar a esas aves con la lanza firme del perdón o ahuyentarlas con una disculpa logrará que el recuerdo de lo sufrido no haga mella en la paz interior.

Te invito a que pienses en la diferencia entre perdonar y disculpar. Te pido que reflexiones: ¿es lo mismo? Haz un alto en la lectura y razona si hay alguna diferencia entre uno y otro. ¿Ya tienes la respuesta?, veamos si coincidimos.

Cuando entendemos por qué nos ofendieron, nos hicieron daño o fuimos víctimas del agravio; es decir, cuando comprendemos que quien nos ofendió no sabía que lo estaba haciendo, aunque no lo justifiquemos, lo más prudente es disculpar. Aceptamos la disculpa se nos pida o no, porque entendemos que quien nos ofendió pasaba un mal momento, estaba bajo presión emocional o vivía una situación desagradable. En cambio, cuando no entendemos por qué nos hicieron daño, cuando no hay justificación a la ofensa, cuando defraudaron nuestra confianza, cuando sufrimos una deslealtad, cuando pagaron con traición el amor que ofrecimos, cuando no encontramos una razón que justifique que, conscientemente, nos hayan generado un daño, es necesario perdonar.

Sé que en muchas ocasiones no es fácil otorgar el perdón, porque en él debe haber sinceridad, convicción, razonamientos profundos que nos hagan sentir liberados del desagradable sentimiento causado por la ofensa recibida. Cuando nos ofenden, nos quedamos con una herida que si tratamos con "bálsamos" de disculpa o perdón, según la gravedad, cicatrizará con el tiempo. En cambio, si la mantenemos abierta y constantemente la miramos, y nos dolemos porque no otorgamos el perdón que la cierre, será una herida permanente que estará expuesta a todo tipo de infecciones rencorosas y resentimientos amargos.

Cuántas veces ha pasado que ante el sufrimiento de un agravio, de alguna acción que nos lastimó o indignó y que generó un resentimiento profundo, un rencor ácido e hiriente contra quien inflingió la ofensa, hemos tenido que tragarnos los amargos sentimientos porque el perpetrador ni siquiera sabe de nuestro padecer interior.

Recuerdo la anécdota de una conferencia que impartí en la ciudad de Chihuahua: en la plática toqué repetidas veces el tema del perdón, entonces, una señora, una madre de familia pidió la palabra para ejemplificar lo que para ella significaba el acto del perdón en su vida. Compartió con la audiencia el horrible sufrimiento que le causó el asesinato de su única hija; habló de un dolor desgarrador que a nadie le deseaba, mismo que la llevó a tomar seis años de terapia para encontrar la resignación ante la pérdida, para reubicarse en su vida. Ella, con valentía y convicción, dijo:

> El proceso de una acción de perdón para quien me arrebató brutalmente mi tesoro más preciado, mi más grande amor, mi pequeña, fue muy difícil, pero ya no lo juzgo. Yo sólo transmito amor, porque eso es lo que sé dar. Yo ya lo perdoné, aunque la cicatriz está ahí y seguirá por siempre. No perdonar me hacía tanto daño que estuve al borde de la muerte.

Recordó anécdotas de su hijita, pero siempre con la convicción de haber perdonado, era consciente de que ese acto le ayudó a "vivir".

Para muchos, esta acción podrá parecernos imposible, pero debemos aceptar que aun en casos tan extremos, el amor a Dios y su infinita bondad nos da fuerza para sobrellevar las penas más dolorosas.

Te pido que analices si tienes la oportunidad de perdonar o aceptar una disculpa, o que pienses si, por tus acciones, necesitas pedir perdón o disculparte. Cuando se pide perdón, se concede perdón. Se debe perdonar a quien, con sinceridad, humildad y arrepentimiento, pide perdón. Debemos perdonar, aunque nunca olvidemos la ofensa, porque perdonando cicatrizan las heridas, se restablece la amistad empañada y se fortalece el amor.

Vivamos intensamente cada momento. Tratemos de ser felices deseando siempre lo mejor para quienes nos rodean, con la firme convicción de que otorgando el perdón, aceptando una disculpa y deseando igual trato para nosotros mismos, sentiremos paz en el alma.

¿Existe la suerte?

Destellos de fe, preparación y oportunidad

Estoy seguro que varias veces has escuchado: "Pero qué buena suerte." "¡No puede ser, qué mala suerte tuvimos!." "La suerte no está a nuestro favor." Frases como éstas son expresadas constantemente para tratar de justificar por qué nos sucedió algo, por qué no obtuvimos lo que queríamos, por qué padecemos tal mal o por qué vivimos un momento de felicidad. Todo es atribuible a la suerte, si nos sucede algo bueno y conveniente, ¡ah, qué buena suerte!; si es malo, ¡caramba, qué mala suerte! Hasta en son de broma hay quienes dicen: "Di vuelta en la esquina y, qué buena suerte, no me vio el cobrador", o : "Iba llegando a mi casa y... ¡mala suerte!, ahí estaba mi suegra."

Por varios años me cuestioné si realmente existe o no la suerte. Saco esto a colación porque hace unos días recibí una carta donde el remitente describía una serie de problemas que ha padecido en los últimos meses: lo despidieron del tra- bajo, su esposa lo abandonó, sufrió tres accidentes de forma consecutiva... ante los hechos, tiene la certeza de que todo es producto de la "mala suerte".

Ahora que lees estas líneas, ¿qué piensas?, ¿crees en la suerte? Antes de dar una respuesta, y de que comparta contigo mi impresión al respecto, permíteme contarte que un día, cuando llegaba al aeropuerto después de impartir una conferencia fuera del país, me topé con un excompañero del colegio. He de decir que no fui un estudiante ejemplar, sino uno de calificaciones aceptables. Mi compañero, en cambio, era un estudiante de esos que causaban envidia, mientras él aprendía en minutos, el resto teníamos que invertir horas para retener las explicaciones y memorizar las lecciones. De- cíamos que nos causaba envidia "de la buena", aunque en realidad, no creo que exista. La envidia es sólo eso: envidia, decimos "de la buena" para no sentirnos culpables de abri- gar ese pecado capital.

Tras el saludo y el abrazo de rigor, me preguntó de dón- de venía, y respondí:

—Vengo de Caracas, de Venezuela.

Puso cara de asombro, parecía como si le hubiera dicho que venía de Marte, y continuó:

—¿Tú?, ¿de Venezuela?, ¿a qué fuiste?

—A dar una conferencia.

—¿Conferencia de qué?

Cuestionó más asombrado aún.

—De liderazgo.

—¿En serio?, ¿te pagan por eso?

—¡Claro!, de eso vivo.

Le dije mientras caminábamos por el pasillo del aero- puerto. Me miró fijamente sin ocultar su asombro y afirmó:

—¡Qué suerte tienes!

Se despidió y siguió su camino. Me quedé helado, pensativo, molesto. ¿Suerte? ¿Cómo que "qué suerte"? Si supiera el esfuerzo que hay detrás de esto no habría mencionado la palabra.

¿Suerte? ¡No! No es la suerte la que te da satisfacción cuando pones el alma y el esfuerzo de tu corazón en lo que emprendes a cada día y das lo mejor de ti. Cuando después de horas y horas de trabajo y estudio las cosas salen bien, ¿es por suerte? ¡Claro que no! Es el fruto de tu esfuerzo, dedicación y compromiso.

¿Es "mala suerte" cuando no se dan las cosas como queremos, cuando por más que nos esforzamos parece que la vida no es generosa porque no nos da lo que creemos merecer? ¿Es "mala suerte" cuando nos enfermamos o nos sucede un accidente? No, todo en la vida tiene una razón, un por qué y un para qué.

La vida no es fácil, desde el momento en que somos libres estamos expuestos a un sinfín de adversidades. No culpemos a la suerte de lo que nos sucede, eso sólo nos conduce a la mediocridad, donde se tiene la certeza de que los sucesos son ajenos a nuestras acciones y responsabilidad.

Dice el refrán que "las apariencias engañan". Sucede que, en determinado momento, pensamos que tal o cual cosa fue producto de la mala suerte, y luego, con el paso del tiempo, comprendemos que fue lo mejor que pudo habernos sucedido. Un fracaso, por ejemplo, puede actuar como un acicate para lograr el éxito. También hay ocasiones donde consideramos como buena suerte que algo nos sucediera, pero luego quisiéramos que no hubiera acontecido. ¿Cuántas veces ha pasado que las familias eran felices y unidas, hasta que uno de sus miembros se sacó la lotería y se desintegraron porque no pudieron soportar la prosperidad? Esto me recuerda una vieja historia que leí sobre un campesino chino.

Era un hombre muy pobre pero muy rico en sabiduría. Vivía en compañía de su hijo. El hombre trabajaba la tierra con ahínco, casi sin descanso, para procurarse el sustento diario. Cierta ocasión llegó hasta él su hijo, parecía tener prisa, y le dijo:

—¡Padre, se nos ha ido el caballo! ¡Qué mala suerte!

—¿Por qué le llamas mala suerte? —repuso el padre—, veremos qué nos trae el tiempo.

A los pocos días el caballo regresó, venía acompañado por otro.

—Mira padre, ¡qué suerte! —exclamó el muchacho—, nuestro caballo ha traído a otro caballo.

—¿Por qué le llamas buena suerte? —repuso el padre—, veamos qué nos trae el tiempo.

Unos días más tarde el muchacho quiso montar al nuevo caballo, y como éste no estaba acostumbrado a los jinetes lo arrojó al suelo, en la caída se rompió una pierna.

—Padre, me rompí una pierna —gritó el muchacho—, ¡qué mala suerte!

El padre, retomando su experiencia y sabiduría, sentenció:

—¿Por qué le llamas mala suerte?, veremos qué trae el tiempo.

El muchacho no estaba muy convencido de la filosofía de su padre, no hacía más que gimotear postrado en su cama. Pocos días después, pasaron por la aldea los enviados del rey, buscando jóvenes para la guerra. Vieron al joven y, al observar su pierna entablillada, siguieron de largo.

¿La moraleja de la historia? La vida da tantas vueltas que lo malo puede convertirse en bueno y viceversa.

Por mi parte, estoy convencido de que eso que llamamos suerte es la combinación de tres factores: fe, preparación y oportunidad.

- Fe en uno mismo y en el Ser supremo: Dios. La fe nos mueve y nos hace creer sin tener que ver.
- Preparación para enfrentar los retos y las adversidades. Ser conscientes de que la vida es un perpetuo cambio, y de que debemos actualizarnos para no caer en el "síndrome del producto terminado", creyendo que lo sabemos todo.
- Oportunidad. Las oportunidades llegan una vez, o las tomamos o se van.

Mi deseo es que apliques y practiques estos tres elementos que hacen la diferencia, y que a lo que llamamos "suerte", puedas agregar, en proporciones similares: fe, preparación y oportunidad.

El poder de la gratitud

Destellos que fortalecen

"¿**E**res una persona agradecida? Me atrevo a cuestionarte y te pido que medites tu respuesta. Contesta considerando la frecuencia con la que dices "gracias", sinceramente, cuando se te ofrece un servicio. Analízalo dependiendo de las veces en que agradeces al Creador las muchas bendiciones que recibes.

Hace tiempo tuve la fortuna de estar presente en una conferencia impartida por el Dalai Lama. Su sola presencia irradiaba paz y armonía. Su voz, siempre clara, infundía tranquilidad a la audiencia entera. Su conferencia verdaderamente reforzó la idea de ser continuamente agradecido. Ante el cuestionamiento de una persona sobre sus hábitos diarios, él enfatizó sobre su sesión de agradecimiento. Recomendó a todos los presentes realizar durante la mañana una sesión donde se agradeciera de corazón a quien consideraran fuente de energía y amor.

Dijo: "Llega un momento en que, a consecuencia de la repetición y el convencimiento del agradecimiento, agradeces hasta a los infortunios de tu vida." Nunca me imaginé que esto pudiera ocurrirme y, sin embargo, he agradecido aun lo malo que me ha ocurrido. He llegado a decir de corazón: "Gracias, Dios mío por no darme lo que creía era bueno para mí", cuando en el pasado hubiera maldecido por no obtener aquello que consideraba bueno para mí.

Diversos autores, a lo largo de la historia, han escrito acerca de la importancia de mantener una actitud positiva. Han enfatizado en la necesidad de poner en práctica la virtud de ser optimistas cuando las adversidades se presentan. Tener una buena actitud cuando nosotros y quienes nos rodean gozan de buena salud es fácil, ser feliz cuando tenemos quien "nos haga piojito" y nos brinde cariño y cuidados es sencillo, también traer dinero en la bolsa, tener un guardadito en el banco y gozar de todas las comodidades materiales: casa propia, automóviles y hasta satisfactores superfluos son motivos para irradiar confianza y felicidad; es más: ¡sería un pecado no vivir con una actitud positiva cuando disfrutamos de todo lo anterior!

Sin embargo, el reto nos mide cuando se hace necesario estar en armonía y asumir una actitud positiva ante los asaltos de la adversidad: problemas, enfermedades, situaciones incómodas y sinsabores que nos desestabilizan y ocasionan que nos invada la zozobra. "A lo que yo imagino", decía don Quijote a través de la pluma de Cervantes, "no hay historia humana en el mundo que no tenga sus altibajos". Y generalmente son muy pocos los humanos que están preparados para enfrentarlos.

Por eso admiramos a quienes a pesar de padecer un dolor moral o físico, asumen una actitud serena, ofrecen una sonrisa a quienes les rodean, mantienen la certeza de que toda congoja pasa y deja lugar a algo mejor y, además, son agradecidos con la vida, son personas que tienen el don de ver más allá de las barreras de la adversidad. Si no estamos dispuestos a actuar, a luchar por nuestro bienestar y a entregarnos para lograrlo, será en vano invocar la ayuda del cielo.

Quiero recomendarte que cada mañana, aún en cama, te formules una pregunta que hará la diferencia en tu actitud durante el día: "¿De qué debería estar agradecido hoy?" Si eres realista, tendrás que aceptar que noventa por ciento de lo que te sucede son cosas buenas, benéficas. El problema es que solemos enfocarnos en lo negativo que transitamos o que creemos que puede suceder. ¿Cuántos se pierden de las cosas buenas de la vida por temor de que algo suceda, de que algún mal derive de lo que no han emprendido? Hay quienes no salen de su casa por temor a sufrir un asalto, quienes no viajan en avión porque temen un accidente, quienes no dejan que a sus hijos les dé el aire porque pueden enfermarse o quienes no confían en otros porque consideran que la gente es mala.

También te recomiendo enlistar las cosas por las que te sientes agradecido; al hacerlo, podrás ver que la vida tiene algo más que problemas; que tenemos un sinfín de razones para sentirnos motivados positivamente, pero no las vemos por esa tendencia que nos inclina siempre a estar deseando lo que no tenemos, a creer que seríamos más felices si tuviésemos esto o viviéramos tal situación. Una decisión que arruina la vida es darle al dinero más importancia que a los bienes naturales y espirituales que Dios nos proporciona sin costo alguno. La ansiedad por acumular dinero esclaviza al hombre que se entrega a rendirle culto a la riqueza; se pierde de sí mismo cuando su ceguera le impide valorar las cosas realmente importantes, pierde la virtud del agradecimiento y se atormenta con el ansia de creer que merece tener más.

Son infinitamente más las razones para estar agradecidos que para estar renegando de la vida. Ese sentimiento de gratitud debes dirigirlo al Creador de todo; por sus bendiciones, por tu vida, por tu familia, por tu trabajo, por tu salud, por tus problemas, por todo. Te aseguro que por la constancia en mostrar tu agradecimiento, terminarás por agradecer —como me ha ocurrido a mí— hasta por lo malo que te suceda, porque seguramente traerá consigo una enseñanza que te hará sentir mejor. Mahatma Gandhi decía: "Soy el hombre más rico de la Tierra, porque el hombre más rico es aquél que no poseyendo nada, dispone de todo." Creo que no bastan las 24 horas del día para agradecer a Dios todo lo que nos da en la vida, incluyendo las pruebas que nos pone para purificarnos.

Si además de tu sesión de agradecimiento incluyes el cuidado de tus afirmaciones para mejorar tu actitud, te aseguro que harás grandes avances en la forma en que reaccionas ante lo inevitable. Con "afirmaciones" me refiero a utilizar frases que nos ayuden a sobrellevar las adversidades como: "Si lo transito, pasará"; "Sé que llegará a su fin", quizá no son afirmaciones que al decir creamos al cien por ciento, pero nos recuerdan que en la vida todo pasa, que está hecha de ciclos, y las adversidades, por más terribles que sean, nos dejan una enseñanza. Dice el refrán: "Cuando la noche es más oscura, la aurora está más próxima."

Norman Cousins decía a sus alumnos de la facultad de Medicina: "El centro de control de sus vidas es su actitud." Las actitudes y afirmaciones negativas conducen a la enfermedad y a los sentimientos derrotistas. Las actitudes positivas conducen a la esperanza, al amor y a la diversión. En algún lugar leí: "Bienaventurado el hombre que se conoce bien y conserva el equilibrio entre lo que puede adquirir y lo que puede usar."

¿Te necesito o te quiero?

Destellos del verdadero amor

No cabe duda que es fácil confundir el verdadero amor con una necesidad. Demostrar amor no es sencillo, menos cuando es opacado por actitudes que, literalmente, lo matan, como la codependencia.

Exigir que el otro haga y sea como queremos, pedir pero no estar dispuesto a dar, olvidar que el verdadero amor es ver juntos hacia una misma dirección: apoyarnos, ayudarnos, aceptarnos. Es muy fácil creer que porque estamos juntos, el otro tiene la obligación de atender todas y cada una de nuestras necesidades.

Quiero compartir contigo una anécdota surgida de mi programa de radio, me escribió una joven mamá, decía que estaba profundamente triste y nostálgica porque dejó de sentir amor por su pareja. Añoraba la emoción y las palpitaciones que tiempo atrás generaba la presencia de su ahora esposo, se lamentaba porque, después de tres años de noviazgo y tres de matrimonio, había dejado de sentir aquello. La rutina llegó a su vida, y aunque disfrutaba de la compañía de su pareja, y de que ambos amaran y procuraran a su hija, estaba convencida de haber perdido el "amor verdadero", tras ponerme en contexto, me dijo que no sabía si lo había dejado de amar, si el amor se había extinguido entre ellos.

Estoy seguro que has experimentado conocer a alguien y sentir esa sensación de hormigueo en el abdomen, esa que nos lleva a actuar de forma rara e impulsiva, que nos hace decir cosas que jamás creímos, el otro se vuelve luz en nuestra vida, el sentimiento nos cambia la forma de ver el mundo diferente, se llena de emoción todo lo que hacemos, y en el fondo, deseamos que ese cúmulo de sensaciones perdure por siempre.

Sin duda, esa es una etapa muy bella, pero no es infinita. El amor tiene dos fases, la primera es el enamoramiento, el organismo secreta diversas hormonas, como la dopamina, y éstas generan estados alterados en los que sentimos el aire diferente y vemos el cielo más bello. Es una fase mágica, reímos más, vemos sólo las cualidades de la persona amada, y le ponemos otras que quizá no tiene porque queremos que embone en el ideal de pareja que hemos construido, justificamos sus acciones negativas o las minimizamos porque decimos: "¡Es la persona de mi vida!" En otras palabras, nos mueve más la emoción que la razón. Durante esta etapa perdonamos más fácilmente... queremos y necesitamos sentirnos amados, y nos sentimos felices por el hallazgo.

Luego viene la segunda fase: el amor. Es probable que entonces ya no sintamos que la adrenalina golpetea nuestro sistema; sin embargo, el sentimiento es más real, queremos al otro por ser quien es, admiramos sus cualidades y toleramos sus defectos, aceptamos su esencia y buscamos adaptarnos, no pretendemos que el otro cambie porque lo respetamos.

Yo te pregunto: ¿cuál fase es la más bella en el amor? ¡Estoy seguro que la segunda! Sin embargo, al transitar esta etapa muchas parejas se confunden, creen que por no sentir lo que sentían al inicio de la relación, el amor se acabó, y no es así. Es precisamente en esta etapa donde debemos fomentar los detalles, alimentar al amor para que perdure, expresar continuamente: "¡Te quiero!", y eliminar de nuestro vocabulario frases como: "¡Es que tu nunca...!", "¡Es que tú siempre...!" Amar al otro por ser quien es, necesitarlo porque lo queremos y no quererlo porque lo necesitamos, y no dar cabida a los celos que atormentan, que evidencian baja autoestima y falta de confianza.

Vale la pena vivir la etapa del amor; vale la pena disfrutarla como es, sin querer que conserve los rasgos del enamoramiento. Revive y renueva el amor en tu vida. Deja de creer que las reacciones químicas de la primera fase son magia y que debes buscar a otra pareja para recuperarla.

Recuerda la frase: "Nadie sabe lo que tiene hasta que lo ve perdido", evita vivir el impacto de una ausencia con dolor. Demuestra tu amor de todas las formas posibles, y no olvides el principio: atraes lo que sientes y piensas.

No llegará nunca el amor a ti si no promueves y llenas de amor tu vida cotidiana. Llena de amor y agrega una sonrisa a cualquier actividad que realices y verás cómo se acercan a ti personas dispuestas a demostrarte su afecto y cariño continuamente.

Asertividad: la llave de la tranquilidad

Destellos de prudencia

Hay un antiguo proverbio indio que dice: "Que tus palabras sean mejores que tu silencio." No cabe duda que ahora más que nunca ser prudente marca la diferencia. La prudencia es la antesala de la inteligencia. El término utilizado en desarrollo humano para describir esta cualidad propia de los líderes es: asertividad.

Una persona asertiva es capaz de decir las cosas:

- **1.** A la persona correcta. Hablar con quien necesito hacerlo y no diseminarlo con otros. Eso sólo deteriora tu imagen ante los demás.
- **2.** En el momento correcto. Identificar el momento adecuado para hablar con serenidad, y no cuando estamos alterados. Es reflexionar y poner en orden nuestros

pensamientos antes de hablar y despotricar. Bien lo dijo Ernest Hemingway: "Se necesitan dos años para aprender a hablar y sesenta para aprender a callar."

○ **3.** En el lugar correcto. Evitar corregir o aclarar malentendidos con personas que no tienen que ver en el asunto y que, seguramente, tomarán partido por quien demuestre más madurez.

○ **4.** Y de la manera correcta. Dedicar tiempo para meditar las palabras. Elegir lo que expresaré, cuidando el contenido y la forma de decirlo. Evitar decir: "¡Lo hago porque me nace y punto!", "¡Porque soy directo!", trata de no herir al otro con nuestro discurso.

Te quiero pedir que, con base en las condiciones anteriores, evalúes tu grado de asertividad.

Recuerdo la historia de una mujer que gritaba a los cuatro vientos que su mayor cualidad era la sinceridad, lo que evitaba que ella fuera hipócrita, su "cualidad" era su orgullo. "Yo, comadre", decía, "si de algo peco... es de ser ¡bien sincera! Soy de las personas que les dice a los demás sus verdades. ¡Lo único que no entiendo es por qué la gente no me quiere!".

Es claro y estoy consciente de que ser asertivo es verdaderamente todo un reto en la actualidad, donde el estrés y la rapidez dominan. Ser asertivo con un hijo cuando le decimos "n" veces las cosas y no entiende, es un reto que pocos superan. Pero es precisamente esa asertividad la que marca la diferencia cuando los ánimos y las emociones sobrepasan a la razón.

Un comportamiento asertivo hará la diferencia cuando alguien pretenda ofendernos, siempre estará en nosotros la elección de sentirnos afectados por ello o no. La conducta asertiva siempre será bienvenida en nuestra relación familiar y laboral. Puedes etiquetarte a ti mismo como una persona impulsiva y agresiva, aunque puedes controlar tus emociones si te lo propones.

Te compartiré una historia que me enviaron:

Un miembro de una tribu india se presentó furioso ante su jefe para informarle que estaba decidido a vengarse de un enemigo que lo había ofendido gravemente, quería ir inmediatamente y matarlo sin piedad.

El jefe lo escuchó atentamente y luego le propuso que fuera a hacer lo que tenía pensado, pero que antes llenara su pipa de tabaco y la fumara con calma al pie del árbol sagrado del pueblo.

El hombre cargó su pipa y fue a sentarse bajo la copa del gran árbol. Tardó una hora en terminar la pipa. Luego sacudió las cenizas y decidió volver a hablar con el jefe para decirle que lo había pensado mejor, que era excesivo matar a su enemigo, pero que sí le daría una paliza memorable para que nunca se olvidara de la ofensa.

Nuevamente el anciano lo escuchó y aprobó su decisión, pero le ordenó que ya que había cambiado de parecer, llenara otra vez la pipa y fuera a fumarla al mismo lugar. El hombre, nuevamente, acató el encargo y se pasó media hora meditando.

Regresó con el anciano y le dijo que consideraba excesivo castigar físicamente a su enemigo, pero que iría a echarle en cara su mala acción y lo avergonzaría frente a todos.

Como en las veces anteriores fue escuchado con bondad, el anciano le hizo la misma recomendación. El hombre, medio molesto aunque más sereno, se dirigió al árbol centenario y allí, sentado, fue convirtiendo en humo su tabaco y su problema.

Cuando terminó, volvió con el jefe y dijo: "Pensándolo mejor, veo que la cosa no es para tanto. Iré con mi agresor para darle un abrazo. Así recuperaré un amigo que seguramente se arrepentirá de lo que ha hecho."

"Eso es precisamente lo que quería, le dijo el anciano, pero no podía decírtelo; era necesario darte tiempo para que lo descubrieras por ti mismo".

Depende de ti

Destellos de decisión

Con la historia siguiente quiero compartir con ustedes cómo la mayoría de las cosas que nos pasan dependen de nosotros:

Un hombre viudo vivía en compañía de sus dos hijas, eran tan inteligentes como curiosas, así que bombardeaban a su padre con las preguntas más diversas, bien fuera por el deseo de saber más, salir de alguna duda, o poner a prueba la sabiduría de él quien siempre las escuchaba con atención, aunque no tuviera todas las respuestas.

Como su intención era dar a sus hijas la mejor educación, las mandó de vacaciones con un amigo, un sabio que pasaba su tiempo meditando en su casa, situada entre los pinares de una montaña.

El sabio las recibió con gusto; las atendía con bondad y paciencia, les hablaba de las cosas buenas de la vida y compartía sus enseñanzas. Por su parte, las niñas lo asaltaban con preguntas de toda índole, las mismas que el hombre respondía con certeza y serenidad.

Impacientes porque no lograban obtener del sabio duda alguna o falla en sus repuestas, decidieron inventar una pregunta capciosa que comprometiera al hombre a emitir una respuesta que, por la misma naturaleza de la pregunta, daría lugar a que fuera equivocada.

—¿Qué vas a hacer? —preguntó la menor a la otra.

—Esconderé esta mariposa azul en mis manos, y le preguntaré al hombre si está viva o está muerta. Si me responde que está muerta, abriré las manos y la dejaré volar. Si me dice que viva, la aplastaré con las palmas y se la mostraré muerta. Cualquiera que sea su respuesta, ¡estará equivocado!

Fueron las dos al encuentro del sabio, quien dejó por un momento su meditación para atenderlas.

—Señor —inquirió la mayor—, tengo entre mis manos una mariposa, es azul y muy bonita. Dígame, usted que todo lo sabe, ¿está viva o muerta?

Desde luego que la pregunta no tenía el propósito de aprender, sino molestar y poner en ridículo al sabio. Él las miró complaciente, había serenidad en su rostro. Esbozando una sonrisa respondió:

—Depende de ti, está en tus manos.

Esta historia me parece una estupenda analogía de cómo un elevado porcentaje de lo que nos ocurre depende de nosotros, "está en nuestras manos", como también lo está cómo lo afrontamos y resolvemos.

Por costumbre, tendemos a culpar a los demás por nuestras desgracias o malas experiencias, cuando nos corresponde tomar la iniciativa y aceptar la responsabilidad de nuestros actos, para encontrar una solución. Antes de buscar culpables o causantes del infortunio, debemos asumir que en lo que nos sucede, siempre tenemos algo que ver o todo, si asumimos que es consecuencia de nuestras acciones, en vez de buscar la redención de nuestras faltas achacándolas a los demás. De nosotros depende que la vida transcurra en un cielo de felicidad o se hunda en un infierno de reproches y acusaciones.

Admiramos, eso sí, a quienes vemos salir fortalecidos de las adversidades, al grado de que bendicen el momento que las ocasionó, porque de ellas obtuvieron algún aprendizaje, una experiencia que benefició su vida. Por eso, estimado lector, disfrutar de una vida sana, alegre y optimista: depende de ti.

Depende de ti que tu cuerpo y tu mente se conserven saludables, y que si por alguna razón enferman, encamines tus esfuerzos a volverlos a su estado ideal: plenos de salud. Es común, por ejemplo, que prodiguemos más cuidado a nuestro automóvil que a nuestro cuerpo. Al primero, le cambiamos el aceite, lo sometemos a la afinación del motor, le revisamos las llantas. Al segundo, poco caso le hacemos y, por el contrario, lo hacemos recipiente de todo tipo de malos hábitos: lo mal alimentamos, lo intoxicamos, lo sobrecargamos, le quitamos horas de descanso y, por si fuera poco, jamás lo ejercitamos; dejamos que el tiempo lo oxide hasta que se convierte en un saco de malestares y achaques.

Depende de ti la actitud que asumes ante el gran tesoro que Dios te da día con día: tu salud. Depende de ti escoger tus amistades, rodearte de personas que te ayuden a crecer moral y físicamente, o seguir a quienes te señalan rutas de fracaso. "Dime con quién andas, y te diré quién eres", dice el refrán.

Depende de ti cultivar tu mente con nuevos conocimientos; con hábitos como el de la lectura, que nutren tu mente mostrándote vidas ejemplares, historias, nuevos mundos, sabiduría. Depende de ti alimentar tu espíritu con el conocimiento y el acercamiento a Dios, porque deseas sentirlo, pero no lo buscas. Ya ves que somos negativos para aceptar los milagros, pero no reparamos en que nuestra propia existencia es un milagro.

Depende de ti no perder tu capacidad de asombro ante las cosas bellas y simples de la vida, ¡qué maravillosos son los amaneceres!, ¡qué bella es la luna!, ¡qué hermosas son las flores! No importa que los veas cada día de tu vida, ¡nunca serán iguales porque Dios los dibuja siempre diferente!

Depende de ti que tu vida sea una constante celebración; que desde ahora pongas los cimientos fuertes para que se construya con entusiasmo, salud, éxito, alegría, amor, y todas las cosas buenas de la existencia. Lograrlo, ni duda tengas, depende de ti.

Cinco elementos del carisma

Destellos que te dan ese "no sé qué" que atrae a otros

La gente con carisma logra más cosas en la vida. Son personas bienvenidas, que cuidan la "primera impresión" —tan necesaria para abrir puertas e impactar positivamente—, todos conocemos a alguien así, que "cae bien de entrada". Esas personas que logran atraer miradas y llegan a sus metas de forma más sencilla; impactan positivamente con su forma de ser y actuar. Son seres con imán. Quienes explotan su carisma logran vender más fácilmente sus ideas y productos, si es el caso. Es grato conocer a gente que, desde la primera impresión, muestra cualidades que la hacen especial.

Al "arte" de atraer la atención de los otros, comúnmente lo llamamos "carisma". ¿Carisma es sinónimo de belleza física? No. Conozco personas carismáticas y no muy agraciadas físicamente; además, la belleza es subjetiva. ¿Carisma tiene que ver con el éxito? No siempre, hablar de éxito es entrar a terrenos complicados, lo que es éxito para ti a lo mejor no lo es para mí, y si el éxito significara cumplir tus metas y objetivos y disfrutar lo que realizas, pues no siempre la gente exitosa es carismática.

Naturalmente todos anhelamos tener o incrementar nuestro carisma para alcanzar objetivos; sin embargo, ¿la persona carismática, nace o se hace? Seguramente has conocido niños que con su sonrisa y su gracia iluminan los lugares donde se encuentran, que llaman poderosamente la atención de la gente, pequeños que tienen "ángel" que atrae como imán las miradas. Sin embargo, muchos de esos "angelitos", con el paso del tiempo se vuelven insoportables y caen como patada en el estómago, como consecuencia de actitudes que aprenden en su contexto próximo. Y viceversa, niños que en su infancia no llamaban la atención, incluso su presencia pasaba desapercibida, con el paso de los años se vuelven imanes que, simple y sencillamente, agradan a quienes los conocen. Es ahí donde los padres influyen determinantemente, para una y otra cosa.

He concluido que con carisma se nace y se hace, que es un "arte" y que la mejor definición de arte es: una destreza adquirida, y como tal, puede ser aprendida. ¿Te han dicho que tienes carisma? ¿Te consideras una persona carismática? Si la respuesta es "sí", ser consciente de los siguientes elementos fortalecerá la atracción que posees y que te ha abierto muchas puertas; si es "no", serán una guía para que adquieras el carisma que anhelas.

Quiero decirte que he elegido estos elementos tras conocer y observar a personas que logran impactar con su presencia. Quizá no son los únicos elementos de un ser carismático, pero sí los más importantes.

Sonreír

Es la llave de entrada a los corazones más difíciles. El hábito de sonreír y reír en forma espontánea logra maravillas; llegar a un lugar y saludar con ese "valor agregado" que es una sonrisa natural, es un regalo que siempre se agradece. Existen personas que, literalmente, nunca sonríen, y cuando lo hacen ¡nadie las reconoce! Si a esto agregamos una risa espontánea en los momentos adecuados, verdaderamente te convertirás en alguien que siempre será bienvenido.

Una sonrisa es "irresistible" cuando se brinda con los ojos, con la boca y con el corazón. Imagina la escena típica de alguien que llega a una reunión con cara caída, con un semblante de apatía o indiferencia, o que al escuchar algo que provoca risa, permanezca con cara de "te perdono la vida". Esa gente, en primera instancia, cae de la patada, ¡y en segunda y tercera instancia también! No niego que pueda tratarse de alguien agradable, y que con el trato se cambie la impresión, pero qué necesidad de estar ocasionando pésimas primeras impresiones, pudiendo agradar de inicio. Haz de la sonrisa un hábito y verás que tu carisma se incrementa notablemente.

Mirar a los ojos

Ver a la gente a los ojos es sinónimo de atención. Hay que ver a los ojos de preferencia a todos lo que nos dirigimos. Un error muy común en una reunión es hablar a un grupo y ver directamente sólo a una persona. Esto causa una desagradable impresión que afecta tu carisma. No ver a los ojos es muestra de desinterés; sin embargo, tampoco debes mirar fija e intensamente, eso provocará sensaciones desagradables y hará sentir intimidado al otro.

Escuchar con empatía

Empecemos por reconocer que escuchar y oir no es lo mismo. Podemos demostrar que escuchamos expresando afirmaciones, comentarios o preguntas sobre el tema que nos comparte. Escuchar con el cuerpo es poner entusiasmo, es imitar de alguna forma los estados de ánimo de quien nos habla; por ejemplo, si el otro comparte algo que le produce alegría, ayuda imitar esos movimientos que la evocan; a esto se le llama "rapport" y nos vincula fuertemente con los demás. La capacidad de escuchar facilita que te aprendas los nombres de las personas con las que convives; recuerda, el sonido más melodioso que puede escuchar un ser humano es su nombre.

Evitar la confrontación

Ganamos las discusiones cuando las evitamos. En los desacuerdos existen tres verdades: mi verdad, tu verdad y la verdad. Respetar los argumentos del otro y ser conscientes de que no tenemos la verdad absoluta, mejora la calidad de la comunicación. Cambiar "tú" por "yo" ayuda a evitar conflictos e incrementa el carisma: "Pienso...", "Creo que lo mejor...", en lugar de "Dijiste...", "Hiciste..." Una persona que tiene el hábito de discutir por todo y de todo, generalmente no causa una grata impresión y, por tanto, no es carismática.

Sentir entusiasmo

Alguien entusiasta llena e ilumina el sitio en que se encuentra. Imprime entusiasmo al hablar, al compartir y al transmitir sus ideas y sentimientos; siempre tiene un tema de conversación ameno y con retroalimentación. Una persona que carece de entusiasmo es similar a una flor sin aroma o una canción sin música, no tiene carisma.

Analiza estos elementos, y valóralos en ti, ¿los tienes?, ¿en qué nivel de desarrollo? Agrégalos como ingredientes fundamentales de tu cotidianidad y conviértelos en maravillosos hábitos, ellos cambiarán radicalmente tus relaciones con los demás.

Pecados
de omisión

Destellos para valorar la vida

Es muy probable que cuando pasen los años y estemos en la antesala de la partida al otro mundo, nos arrepintamos, no por lo que hicimos, sino por lo que dejamos de hacer: lo que no dijimos, lo que no ayudamos, lo que no bailamos...

Todos cometemos pecados: todos. Pecados diversos, grandes y pequeños, con consecuencias imperceptibles o graves, por eso, ¡cuidémonos de quienes sustentan que son santos varones o intachables damas! Quiero aclarar que no es mi intención evangelizar o tratar conceptos religiosos. No es el caso.

Buscando la definición de pecado encontré una que, a mi juicio, es muy acertada. El doctor Miguel Ruiz, autor de *Los cuatro acuerdos*, lo define así:

Pecado viene de la palabra en latín *pecatus*. Las religiones hablan de pecados y pecadores, pero entendamos qué significa realmente pecar. Un pecado es cualquier cosa que haces y va contra ti. Todo lo que sientas, creas o digas que vaya contra ti es un pecado. Cuando hacemos daño a otra persona, verdaderamente nos estamos dañando a nosotros mismos; dañamos nuestra estabilidad y el amor que debemos manifestar.

Desde esta perspectiva, pecado es todo lo que hacemos o decimos en contra de nosotros mismos y de los demás. Esto pone sobre la mesa una extensa variedad de pecados en el menú de la vida, y todos ellos, platillos de fuerte condimento para dañarnos. Quiero hablarte de tres pecados, los considero así. Al leerlos, verifica si, según la definición de pecado que incluí, lo son. Son pecados de "omisión" que dañan; es decir, esas acciones que omites generando consecuencias que impactan tu vida.

Primer pecado de omisión: saber leer y no leer

Sí, podemos reclamarnos: aprendiste a leer, pero lees lo indispensable. No cultivaste el hábito de la lectura y por eso dejaste de acceder a otros conocimientos. Es un pecado porque te afecta, te daña. Está en ti ser parte de ese pequeño porcentaje de la población mundial que sabe leer, se educa, se documenta, alimenta a la mente y, sin embargo, no lo haces por flojera —otro pecado. La lectura nos lleva a lugares jamás visitados, nos da a conocer puntos de vista diferentes sobre los más variados temas. Nos lleva hacia aventuras nunca imaginadas. Nos habla de historias desconocidas y nos sumerge en un mar de conocimientos que nos permite ser diferentes, vivir mejor, saber más. Nos ayuda a ampliar el vocabulario, a relacionarnos mejor con nuestros semejantes. Aún estamos a tiempo de enmendar la plana, de obtener la absolución por este pecado. ¿Cómo? Empezando hoy mismo. Leamos, leamos buenos libros. No hay tesoro más digno de ser guardado.

Segundo pecado de omisión: no reconocer lo bueno

Pecamos cuando no reconocemos lo bueno en alguien. Nos cuesta trabajo dar una palmada de aceptación o reconocimiento a quien lo merece. Todos necesitamos reconocimiento por algo que hicimos o dijimos, sentir que lo que hacemos o decimos es aceptado, que agrada a quienes nos rodean.

El reconocimiento hace sentir bien a quien lo recibe y engrandece a quien lo otorga. Une dos valores fundamentales: la humildad y el dar (compartir). El reconocimiento en el momento justo estimula a quien lo recibe, genera bienestar, motiva a imprimir más entusiasmo en sus acciones, trabajo, estudio, vida.

En el campo laboral, por ejemplo, podemos pensar que quienes están a nuestro cargo deben darnos todo; tenemos la idea equivocada de que por un salario, nuestro empleado debe servirnos, complacernos. Olvidamos reconocer y recompensar el compromiso, el buen trabajo realizado, la disposición y la eficiencia, no podemos dar ni siquiera una frase amable, un incentivo que reconozca a quien, con su trabajo, facilita el nuestro. ¿No crees que el mundo sería mejor?

Tercer pecado de omisión: ir a dormir sin haber ayudado a alguien

Brindar nuestra ayuda al prójimo es facilitarle la vida; hacérsela más llevadera, proporcionarle una satisfacción. Dentro de nuestras posibilidades, prestar ayuda a alguien es reconfortante para nosotros. Estar atentos y hacer una buena acción sólo porque sí, nos hará sentir felicidad y, al mismo tiempo, haremos a otro feliz. El pecado de omisión lo cometemos cuando nos quedamos en el intento, sabiendo que podemos tender nuestra mano a quien la necesita. Quien realmente necesita ayuda, no nos la pedirá, por eso necesitamos poner atención, observar.

Durante el día se presentan muchas oportunidades para ayudar en alguna forma. Acciones tan simples como dejar que un automovilista se incorpore a nuestro carril, dar el paso a un peatón, el asiento a una dama, desprendernos de una pertenencia para ayudar al que menos tiene, comprometernos en algo que beneficie a nuestra comunidad, en fin, sólo necesitas mirar alrededor para darte cuenta de las incontables oportunidades para brindar ayuda.

Facilitarle la vida a alguien es dar nuestro amor al prójimo, tal y como lo predican las religiones del mundo; porque ayudando damos amor. Sin embargo, dejamos que una venda nos cubra los ojos y que la indiferencia nos ensordezca ante las oportunidades que se nos presentan cada día.

Estudios recientes demuestran que la acción de ayudar a alguien estimula funciones principales del organismo, que a su vez nos ayudan a vivir más años con mejor calidad de vida. Ayudar sana y fortalece nuestro sistema inmunológico, que nos defiende de las enfermedades. Qué fácil es hacerlo, pero qué complicado decidirse.

Considera estos tres pecados de omisión, te invito a que los deseches de tu vida. Te aseguro que al hacerlo, el amor y la prosperidad tocarán con fuerza a tu puerta.

La película de tu vida

Destellos de un protagonista

Hace algunos días, después de disfrutar una película en el cine, y algo inspirado por la trama de la misma, llegué a la conclusión de que la vida de cada uno es como una película. El argumento, el guión, lo construimos según el estilo que cada quién adopta.

Podemos hacer un drama, una comedia, un documental histórico, cine de aventura, terror o romance. También podemos escoger la clasificación: A, digna de ser vista por toda la familia; B para adolescentes y adultos, o de plano C, para adultos con amplio criterio, y no hablo de otras clasificaciones porque entonces ya sólo sería accesible a muy pocos espectadores.

¿Quién es el actor o la actriz principal en la película de tu vida? En la mía, yo. Estoy seguro de que en tu película eres el protagonista. En la película de mi vida, por ejemplo, las primeras actrices son mi esposa y mi hija; los primeros actores son mi hijo y mi padre. Hay muchos actores de reparto: mis hermanos, mis mejores amigos, mis compañeros de trabajo. Hay actores invitados, que en algunas secuencias tuvieron un papel importante, aunque temporal.

¡Claro que en mi película también hay villanos! Si no fuera así, imagínate qué aburrida. Los antagonistas tienen la misión de hacernos la vida difícil, de ponernos piedras en el camino, de hacer hasta lo imposible para que fracasemos, pero también son quienes dan ritmo y acción a la historia. En toda película siempre habrá un villano: ¡hasta las de Disney los tienen!

Desde luego hay películas con mala producción, cuyo reparto está formado por actores sin ambición, que hacen de su película un producto mediocre, actores que no desempeñan bien su papel, o que prefieren no actuar por temor a fracasar en la vida; no se arriesgan, no escogen bien el argumento, y se conforman con ser del montón.

Cada quien es libre de elegir el argumento y el personaje que desempeñará en su película, el tipo de producción y la clasificación que le corresponde. ¿Cómo es la película de tu vida? Revisemos algunos géneros, elige tu favorito.

Drama

Transcurre en un mar de lágrimas, el protagonista es agobiado por las preocupaciones que, la mayoría de las veces, no tienen razón de existir. Piensa que nadie lo quiere, que vive entre villanos que sólo buscan generarle sufrimiento. Experimenta vívidamente enfermedades que no padece, carece de ánimo, de sueños, de proyectos. Se queja interminablemente de todo y de todos. Vive un "dramón" permanente, hora tras hora, día tras día.

Comedia

El protagonista no se toma la vida muy en serio. La trama está llena de buenos momentos generados por la actitud optimista del personaje, que imprime un toque de buen humor a todo lo que hace. El resto del reparto, y los espectadores, ven al personaje con simpatía. Sabe reír y hace que los demás rían, motiva a que los demás sean felices y hagan mejor lo que emprenden.

Romance

El protagonista es equilibrado y congruente en todos los aspectos de su vida. La historia se desarrolla en un ambiente romántico que da cabida a una actriz principal. Todo gira en torno al amor de pareja. El personaje vive y respira inspirado por los seres que ama: esposa, novia, padres, hijos, hermanos, amigos y compañeros de trabajo. Eso le da interés a la historia, y los personajes son más felices conforme avanzan las secuencias.

Aventura

Para protagonizar una película de aventura se necesita ser un actor intrépido que no teme a los retos sino que, por el contrario, los acepta y sabe salir airoso de todas las dificultades y peligros. Eso es lo que se necesita para hacer de la vida una gran aventura; maravillosa porque en cada situación el personaje encontrará la salida, luchará por conseguir lo que desea, se esforzará por alcanzar sus metas, derrotará a los villanos que lo enfrenten disfrazados de vicios, porque, en síntesis, es un triunfador.

Terror

No elijas este tipo de guión, ni como protagonista, ni como reparto. Cuando tu mente se sienta tentada por un libreto plagado de situaciones que causen terror, ¡recházalo! No actúes, a nadie le gustará verte. El terror, ya sea físico o psicológico, es terrible. Ser sometido o someter a alguien a situaciones desagradables y de violencia es vivir el tormento de un infierno. El maltrato, ya sea de palabra o de hechos, ocasiona ansiedad, miedo, tristeza y es denigrante para quien lo ejerce y depresivo para quien lo sufre. Definitivamente, un libreto así sólo tiene un lugar: la basura.

Documental histórico

En este tipo de película la vida del protagonista se sustenta de los éxitos pasados. Vive añorando etapas de su vida que si en un tiempo le fueron venturosas, no regresarán; ya pasaron. Prefiere vivir atado al pasado en lugar de vivir el presente, el ahora. Se aferra al recuerdo de quienes se fueron para no volver. Son personajes que no avanzan, la historia transcurre lenta, sin ritmo.

También es posible que la película de nuestra vida guarde un sano equilibrio: drama, comedia, romance, aventura, quizá algo de terror sufrido, o de documental por permanecer atados al pasado; lo importante es lograr que nuestra película sea aceptable, buena, ¡digna de ser nominada a los premios de la Academia! También es necesario lograr que se mantenga en clasificación "A". Que puedan verla tu familia, hijos, hermanos, amigos, ¡todos!, sin cortes, censura o mutilaciones. Por ello elige con cuidado el argumento. Como protagonistas de la historia, nos corresponde elegir el guión que nos permita desempeñar un papel decoroso, brillante, una actuación digna del "Oscar", de la admiración de nuestra familia y de los espectadores; es decir, de nuestros semejantes.

Actúa en esta maravillosa película de tu vida de tal forma que al final de los días el público te ovacione de pie.

¡Ánimo! ¡Cámara! ¡Acción!

Aprender
a "desaprender"

Destellos de conocimiento

Tal vez te extrañe el título de este capítulo, pero se llama así por una razón: la capacidad que tenemos de acostumbrarnos, con facilidad, tanto a lo que nos beneficia, como a lo que nos perjudica, sucede porque así lo hemos aprendido. Desde que nacemos, en nuestra inocencia, adquirimos hábitos que van forjando nuestra personalidad y carácter. Cuando niños, nos preocupamos sólo por vivir el momento: jugar, comer y, luego, ver qué otro juego nos puede entretener. La única norma es ser felices; estar contentos.

Necesitamos entender, así lo creo, que Dios nos dio la vida para ser felices, no importa que pensemos que se trata de luchar, sufrir y sobrevivir, su propósito es otro. Eso no significa que nuestra existencia estará libre de problemas, creerlo sería como tratar de tapar el sol con un dedo. Todos tenemos problemas que nos preocupan, conflictos generados por aquellos hábitos practicados a lo largo de nuestra existencia y que son parte de nuestra vida, ellos determinan la forma en que tomamos y enfrentamos las situaciones problemáticas. Nos preocupamos por todo, porque así lo aprendimos. Pensamos que entre más grande sea nuestra preocupación, más fácil y pronto se resolverá lo que nos agobia y en realidad sucede lo contrario: entre más nos preocupamos por algo que deseamos impedir, es más probable que ocurra.

El hábito de preocuparnos aun por las cosas intranscendentes genera tensión, inquietud. Vivir con rencor por creer que no recibimos lo que consideramos merecer o sentirnos agraviados, engendra el mismo sentimiento que, está comprobado, causan enfermedades degenerativas e incurables. El resentimiento se acompaña por amargura. Todas estas formas de sentir las hemos aprendido y desarrollado con el paso del tiempo.

Hemos crecido anidando en nuestra mente sentimientos de culpabilidad, tal vez porque somos iracundos, y eso también lo aprendimos. Enojarnos por algo es natural, cómo lo manejamos marca la diferencia; es decir, si permitimos que la molestia se transforme en ira incontrolable, sufriremos serias complicaciones.

Mentir puede ser un hábito que, por repetición, se vuelve parte de nuestra forma de ser. Así lo aprendimos, comenzamos mintiendo por cosas tontas, simples, como un juego; cuando nos damos cuenta, descubrimos que la mentira es la constante en las relaciones que establecemos con los demás. Una mentira genera otra. Cuando mentimos, es como si caváramos un pozo que sólo podremos tapar con una y otra mentira; así, nuestra vida se sumerge en la deshonestidad; sin embargo, debemos recordar que "la mentira dura mientras la verdad llega".

También aprendemos el hábito de sufrir, buscamos la compasión, lamentamos todo lo que nos pasa, no porque ne-

cesariamente nos afecte, sino porque es un hábito. Ciertas religiones fomentan y recomiendan el sufrimiento como forma de
acercarse a Dios, cuando lo que él da es sólo amor. Afirma-
mos, al orar, que vivimos en un valle de lágrimas, cuando Dios
creó este valle para que seamos felices. No se puede negar la
existencia del dolor, aunque su naturaleza es distinta de la del
sufrimiento. Todo depende de cómo aprendimos a concebirlo y
manejarlo.

Recuerdo algo que me contaron sobre la concepción y
reacción ante el dolor en otros lugares del mundo. En la India,
se asume el acto sublime del parto como algo simple. A una
mujer le llegó la hora de dar a luz mientras lavaba su ropa a
la orilla de un río, ¡ahí nació la criatura! Le cortó el cordón
umbilical, lo envolvió en unos trapos, lo recostó en la vera del
río, y ¡siguió lavando! Sé que es un ejemplo extremo, pero lo
incluyo para ilustrar que el dolor es diferente al sufrimiento, y
que podemos aprender a manejarlo.

También aprendimos a pedir amor, a desear sentirnos
amados. Pensamos que el amor debe venir del exterior, de
los otros. Si no recibimos el amor que creemos merecer, lo
exigimos, entonces sufrimos. Hemos aprendido a condicionar
el amor. Sentimos que somos amados sólo si nuestro compañero es como queremos que sea. El amor es algo que se da,
se siente. Expresar amor verdadero hacia los demás es sentir
felicidad, darlo sin esperar recompensa.

En fin, hemos aprendido a ser y actuar de tal manera,
que es necesario hacer un alto para reflexionar si nuestra forma de ser nos ha dado más momentos buenos que situaciones
desagradables. Si son más las últimas, tendremos que "des-
aprender", quitar, borrar esos hábitos que nos limitan e impiden ser felices.

No olvides que somos seres creados para sentir amor,
para dar amor y desear todas las cosas buenas de la vida a

quienes nos rodean, a quienes se cruzan en nuestro camino. Debemos aprender y seguir aprendiendo que Dios nos quiere alegres y que si en nuestro contacto con la gente damos amor y alegría, eso atraeremos para nosotros. Si sembramos alegría, cosecharemos alegría; si damos amor, recibiremos amor.

Si mucho de lo que hemos aprendido no nos beneficia, ni beneficia a quienes nos rodean, "desaprendámoslo". Un antiguo proverbio chino dice: "Para beber un buen vino en una copa que está llena de té, primero hay que tirar el té, y después servir y beber el vino." Desechemos lo que nos impide ser felices, vivamos intensamente el hoy, porque el tiempo pasa y no regresa.

Predicar
con el ejemplo

Destellos de congruencia

Educar a alguien, o tratar de hacerlo, no es tarea fácil: es un reto. Y más difícil es educar a quienes amamos; es decir, si educamos a un niño, él pondrá más atención en nuestra forma de ser, de actuar, que en lo que decimos, buscará en nosotros el ejemplo de lo que queremos que sea o haga.

Para quienes tenemos la dicha de ser padres, es difícil educar con el ejemplo, lograr que nuestros actos sean congruentes con lo que decimos y prometemos. En pocas palabras: estamos obligados a predicar con el ejemplo y, de algún modo, a ser "inflexibles", determinados, pues el amor, la compasión o el "apapacho" en los momentos inadecuados maleducan, debemos ser firmes y corregir cuando es necesario.

Quiero compartirte algunas fórmulas que te ayudarán si aceptas la responsabilidad de educar y guiar por el buen camino a tus pequeños. Recuerdo una anécdota atribuida a Mahatma Gandhi, líder pacifista nacido en la India, hombre de recta vida, definida por la congruencia entre sus palabras y sus actos. Cierta vez lo visitó una madre de familia que había peregrinado con su hijo durante varios días para verlo. "Señor", le dijo, "estoy sumamente preocupada por mi hijo. Sólo quiere comer azúcar y más azúcar; no admite ninguna otra cosa. Por favor, ayúdeme".

Gandhi dijo a la mujer que regresara a su casa, esperara una semana y volviera con su hijo. La señora se quedó atónita: había hecho el largo viaje para recibir el consejo del sabio y éste la mandaba de regreso, pidiéndole que volviera después. Pasó el plazo y la mujer se presentó nuevamente ante Gandhi. El hombre miró al niño, le acarició la cabeza y le dijo: "¡Deja de comer azúcar!"

La mamá quedó impresionada por la brevedad de la orden. ¿Había hecho dos largos viajes para que el niño fuera sentenciado con un: "¡Deja de comer azúcar!"? ¿No podía haberlo dicho la primera vez? Gandhi observó el descontento de la mujer y calmadamente le dijo: "Mujer, no podía pedirle al niño que dejara de comer azúcar si yo la comía. Me llevó una semana dejar de hacerlo."

Esta anécdota demuestra la importancia de dar el ejemplo y la congruencia cuando es necesario corregir o educar a alguien. Ahora, imagínate si lo amamos. Saturamos a nuestros hijos con exigencias de cómo deben hacer tal o cual cosa, qué comer o decir, pero nuestros actos no apoyan la enseñanza. Les pedimos que no griten... gritándoles. Exigimos que sean pacientes con sus hermanos y compañeros de escuela, y nos comportamos como energúmenos al conducir el auto. Les pedimos que no mientan, ¿y qué sucede cuando alguien nos llama y no queremos contestar?, tranquilamente decimos: "Dile que no estoy", nos justificamos afirmando que son "mentiras piadosas", aunque son mentiras y ya. Con esa actitud no enseñamos a decir la verdad, sino cómo mentir "piadosamente".

Comparto tres ingredientes que te sugiero considerar al dar ejemplo con amor:

○ **1.** *Desea el bien.* Aunque sea con el pensamiento, pero hazlo. Desear lo mejor para los demás te hará sentir bien. Es el primer paso para dar amor. Es imposible dañar a una persona si en nuestro corazón guardamos para ella sólo buenos sentimientos y deseos. Como ley universal, todo lo que desees para los demás, todo lo que ofrezcas a los demás, te será devuelto, en igual o mayor proporción. Desear continuamente el bien nos lleva a ser más humanos y sensibles, un ejemplo digno de imitarse.

○ **2.** *Mantén una intención positiva.* Aunque recibas una acción negativa, regresa un pensamiento positivo. Trata de comprender que si las acciones que recibes tienen esa naturaleza, es muy probable que quien las genera tenga una historia que lo lleva a actuar de esa manera. Es difícil aceptarlo, más cuando estamos acostumbrados a juzgar las acciones de los otros. Quienes han estudiado a fondo su espiritualidad, encuentran el camino a una vida con armonía, evitando juzgar y criticar a quienes les rodean.

○ **3.** *Acepta.* Estamos programados para pensar que si tratan de imponernos un cambio, debemos oponer resistencia. Cuando sucede algo que queremos evitar o no queríamos que sucediera, reaccionamos actuando como si no hubiera sucedido: "Esto no debió haber pasado", decimos. Con ello, reforzamos la sensación de impotencia ante los eventos. La resistencia no permite el cambio, y planta la semilla del conflicto.

Lograr educar de forma positiva es más sencillo si reconocemos y aceptamos aquello que deseamos mejorar. Como padres de familia, en la tarea de corregir y educar a nuestros hijos, tenemos el poder de elegir entre quedarnos en una actitud pasiva y cómoda, o ejercer nuestra obligación de imponer el bien sin aceptar chantajes del corazón atribuibles al amor, la tolerancia, la lástima y cualquier otro sentimiento que genere llanto, pataletas y todo tipo de berrinches de nuestros hijos. Actuemos con amor, sí, pero con firmeza, paciencia y entendimiento. Demostremos madurez.

Las palabras impactan, pero el ejemplo mueve, motiva y tiene siempre efectos benignos en la conducta. Estoy seguro de que si aplicas estos ingredientes en el trato cotidiano con quienes amas, estarás predicando con el ejemplo, y eso es admirable.

Tres
grandes poderes

Destellos de realidad

Desde que éramos niños, siempre soñamos, imaginamos y deseamos vehementemente tener poderes extraordinarios para vencer obstáculos, volar, adquirir fuerza incontenible y hacer añicos cualquier problema. De pequeños, en la televisión veíamos cómo Superman volaba entre los edificios, derrumbaba muros, devoraba distancias en segundos, cómo El Hombre Increíble hacía gala de su fuerza al detener con la palma de la mano un vehículo en desenfrenada carrera, cómo El Hombre Araña escalaba edificios con asombrosa facilidad, entonces queríamos ser como ellos, y nuestra imaginación nos llevaba a vivir aventuras emocionantes y heroicas.

Sin embargo, pasados los años y viviendo en la realidad, es necesario descubrir que a todos, sin excepción, se nos han dado grandes y verdaderos poderes para vivir más y con alegría, pero como los desconocemos no los utilizamos. Déjame explicarte a qué poderes me refiero.

El poder de la aceptación

Cada día nos vemos inmersos en diversas circunstancias, encuentros inesperados, errores propios o ajenos, momentos agradables y otros que quisiéramos no haber vivido. Cuántas veces, tras sufrir un percance, exclamamos con desesperación: "¡Esto no debió de haber ocurrido!"; "¡La gente no debe ser así!"; "¡No merezco lo que está pasando!". No quisiéramos haber vivido esto o lo otro, pero ocurrió. Desearíamos regresar el tiempo, pero es imposible.

Desde que nacemos nos programamos para querer cambiar cosas y circunstancias; aprendemos a oponer resistencia a lo que sucede. Es una inercia que nos hace esforzarnos para oponernos a los hechos; sin embargo, eso sólo genera frustración y ansiedad. Cuando nos resistimos a aceptar que tenemos un problema, es como si sembráramos la semilla del árbol del conflicto. Resistirse no da lugar al cambio; aceptarlo sí. Es indispensable "vivir el problema" para comenzar a solucionarlo. Cuando vivimos el problema, ponemos en juego el poder de la aceptación: "Acepto que tengo este problema"; "Acepto que vivo la ausencia de alguien"; "Acepto a mi suegra". Una vez aceptada la situación, tenemos la facultad de decidir si nos quedamos con ella, la mejoramos o, sencillamente, le ponemos punto final.

Debo aclarar que "aceptar" no es sinónimo de "conformidad", aceptar es poner en marcha el proceso de mejoramiento y solución, conformarse es permanecer inmóvil. Resistirse y oponerse generan estrés, cansancio y frustración. Acepta la situación en el aquí y ahora; y elije entre enojarte y patalear o en crear un plan para solucionarla. Las cosas en la vida no siempre nos resultan como lo planeamos, es entonces cuando el poder de la aceptación nos permite afrontar y resolver de forma positiva.

El poder de la atracción

Existe una película que ha causado revuelo: *El secreto*, en ella, dan testimonio líderes mundiales de diversos ámbitos: científicos, escritores, filósofos, conferencistas, guías espirituales. El tema central es, justamente, la fuerza de atracción que todos tenemos. La conclusión de la película indica que lo que llega a nuestra vida, bueno o malo, lo hemos atraído. Recomienda enfocarnos en aquello que realmente deseamos, sin prestar atención a lo que nos causa desdicha y temor.

Estoy seguro de la existencia de este poder; inevitablemente atraemos a nuestra vida personas y situaciones cuyas características se corresponden con nuestros pensamientos dominantes. ¿Te ha pasado que tras pensar en alguien con insistencia lo encuentras o recibes su llamada?

Atraemos lo que nos causa temor, lo que nos da felicidad, lo que nos mueve a la gratitud. Atraemos todo aquello de lo que nos quejamos. Esta fuerza actúa también como una ley que rige la existencia entera.

Puedes ser, tener y hacer más, porque tienes el poder de cambiar como persona. Cambiar tus pensamientos dominantes limpiándolos de influencias nocivas y fortificándolos con acciones positivas; es decir, eres capaz de ejercitar a la mente para que trabaje a tu favor.

El poder de la intuición

¿Te ha sucedido conocer a alguien y sentir que puedes confiar en él?, ¿te ha sucedido lo contrario?; es decir, que por más que alguien intente agradarte y te esfuerces por aceptarlo, no te inspira confianza. Eso es intuición.

El diccionario define a la intuición como: "La facultad de conocer, o conocimiento obtenido, sin recurrir al razonamiento." ¡Ahí está el detalle! Es la percepción clara, íntima, instantánea de una idea o verdad, sin que medie el razonamiento. Ya lo decía Einstein: "La intuición es lo único que realmente vale."

Esta fuerza que poseemos todos los seres humanos es muy difícil de explicar y, sin embargo, fácil de desarrollar. Aparece cuando no aplicamos el pensamiento racional, y le permitimos manifestarse como palabras, imágenes, sentimientos o sensaciones viscerales.

No debemos confundir la intuición con el miedo. La intuición tiene más que ver con la honradez emocional; es decir, con hacer lo que creemos que es correcto y nos causará un beneficio personal y un beneficio a los demás.

¿Cómo se puede desarrollar tal poder? Te recomiendo abrirte a ti mismo; escuchar con frecuencia tu voz interna; sentir tu cuerpo y respiración. No pretendas entender con la mente lo que sientes. Si sobreviene una intuición acerca de alguien o de algo, hazle caso, no temas que pueda equivocarse.

Estos poderes están siempre a nuestro alcance; son parte de ti, de tu cuerpo, de tu mente, puedes utilizarlos ahora mismo si lo deseas. Aplícalos y te sorprenderás de lo que puedes lograr con ellos para tener una mejor vida, te sentirás un verdadero superhéroe.

¡Ánimo, y que la fuerza te acompañe!

La autoestima
siempre en alto

Destellos para sentirte bien

¿**T**e ha sucedido que algunas veces te sientes triste, sin ánimo, y cansado sin motivo aparente? Hay ocasiones en que la imagen de ti mismo que ves reflejada en el espejo por la mañana te desagrada, a partir de ese momento se presentan situaciones desagradables que te impiden estudiar o trabajar a gusto, tus proyectos se ven truncados y sientes que no encuentras equilibrio en tu vida. La causa puede ser baja autoestima, término acuñado para indicar aprecio por uno mismo, confianza en sí mismo, que produce bienestar.

A través del tiempo he conocido a personas que creen que no valen, que no encuentran motivaciones que den sentido a su vida, y, lo peor, que dudan permanentemente de sus capacidades y fortalezas, por lo que se sienten incapaces de enfrentar y sobrellevar las adversidades que se presentan.

El común denominador es que, en el fondo, todos tratamos de acrecentar nuestra autoestima, aun quienes son seguros y optimistas. Hay quienes creen que adquiriendo todo lo que les sugiere la televisión se sentirán mejor, que lucirán cuerpo de modelo o que conquistarán al sexo opuesto con sólo untarse una crema. La realidad es otra: creer en esas promesas puede ser gratificante, pero es temporal y puede volverse una adicción.

La pérdida gradual o súbita de autoestima, algo más común de lo que se cree, puede derivar en tristeza crónica y hasta en depresión, por eso conviene conocer algunas fórmulas sencillas para reanimarnos cuando sentimos que las cosas no salen como esperamos. Aunque hay muchas y de diversos tipos, quiero compartirte las que considero más efectivas, incluso las recomiendo en los seminarios que imparto sobre el tema.

Habla en forma positiva de ti mismo

Evita la tentación de herirte con tus palabras. No uses frases que te dañen por la imagen que guardas de ti en el inconsciente. Nunca te digas: "¡No soy bueno para nada!"; "¡No puedo lograrlo!"; "¡Soy un inútil!", pues estas afirmaciones sólo logran que el inconsciente las tome por realidad, y reaccione haciendo que proyectes la imagen de una persona fracasada, sin ánimo, desconfiada, temerosa y triste. Como dice el dicho: "Nadie quiere subirse a un barco que se está hundiendo."

Nutre tu pensamiento con frases positivas para aplicar en cualquier circunstancia, en lugar de: "No puedo", di: "Claro que puedo", no digas: "¡Siempre la riego!", exclama: "¡Me equivoqué, pero algo aprendí!" Elimina de tu vocabulario la palabra "problema" porque desmotiva, paraliza y nos hace dudar, sustitúyela por las palabras reto o desafío. No te sentirás igual si dices: "Tengo este problema", a que si dices: "Tengo el reto (o el desafío) de..." Las palabras reto o desafío invitan a la acción, motivan a intentar lo imposible. Cuando superes un reto, felicítate, di para ti mental o verbalmente palabras que te hagan sentir bien por el logro.

No te culpes

¿Errores?, los cometemos todos; forman parte de nuestra naturaleza; sin embargo, culparse por los errores cometidos genera baja autoestima y no nos ayuda a mejorar. Si te has comportado en una forma incorrecta o cometiste alguna falla, acepta tu responsabilidad, ofrece una disculpa y esfuérzate por arreglar la situación. No te sientas culpable de todo y por todo, no asumas el papel de "víctima", término aplicado a quienes gustan de tirarse al suelo para que los levanten. Si sientes que eres la víctima de todo lo que sucede, estarás dando martillazos a tu autoestima hasta hacerla añicos. Aprende de tus errores y que eso te ayude a evitarlos en el futuro.

Relaciónate con gente positiva

Introdúcete en el círculo de la gente exitosa, ya ves que dicen: "Dime con quién andas y te diré quién eres", o "Al que anda entre la miel algo se le pega". Cuando digo gente exitosa, no me refiero a gente rica económicamente, y sí a gente rica en experiencia y buen vivir.

Me ha tocado convivir con gente que vive en una queja constante, cualquier cosa es motivo: el clima, el trabajo, la esposa, los niños, el perro, el carro que manejan, su equipo de futbol, ¡todo! A tiempo me retiré de ella, esa actitud es contagiosa, también estuve a punto de adquirir tan nefasto hábito. Haz la prueba: tú te sientes muy bien, pero te topas con ese amigo que es un lamento constante y al rato ya estás igual. Debo ubicar en un lugar aparte a quienes son víctimas ya de la depresión y realmente necesitan ayuda.

Busca el equilibrio

Cuando la autoestima es alta, hay equilibrio entre mente, cuerpo y espíritu. Si tu vida se desequilibra de algún modo, impactará en tu autoestima. Si tu día está saturado de actividad mental, es seguro que durante la noche tengas un cansancio tal, que estarás abrumado, entumido y físicamente incómodo. No niego que el ejercicio es fundamental en la vida, hace milagros cuando se trata de sentirse mejor. No olvides consentir a tu cuerpo, se lo merece. Haz algo por él: dale de comer bien, un buen masaje, trátalo con cariño y verás cómo te lo compensa.

No olvides reír frecuentemente y con ganas, la risa es alimento fundamental para el cuerpo y el alma. Si sólo te dedicas al cuidado del cuerpo y, además, no es la fuente única de tus ingresos, tarde o temprano sentirás no haber cumplido. Sentirás que te falta algo: llámale ingresos, tranquilidad económica o tareas por cumplir.

El trabajo del espíritu es básico. Recuerda que dentro del cuerpo hay un espíritu que busca armonía, alimento, satisface sus necesidades. Al final de los días, es lo único que perdurará. Trabajar el espíritu, pero también el cuerpo, la mente y las responsabilidades, proporciona equilibrio. Fuimos creados para la actividad mental, física y espiritual. Analiza qué tanto trabajas cada área y encontrarás la razón de sentirte como te sientes.

Aprende a decir "NO"

Es una pequeña palabra difícil de pronunciar. ¿Cuántas veces nos metemos en líos gratuitamente por no decirla a tiempo? Pregúntate por qué permites que te utilicen y decídete a cambiar la situación. Me decía una persona muy allegada: "Siempre soy yo quien limpia la casa, el mugrero de todos." Al preguntarle por qué lo hacía, respondió: "¡Porque siempre ha sido así!", "¿Y te agrada?", increpé, "Por supuesto que no, ¡ya estoy cansada!"

Obviamente le faltó decir "¡No!" a tiempo, poner límites y establecer reglas de cooperación en la casa: "¡Aquí vivimos todos y todos tenemos responsabilidades!" Asignar tareas a cada uno de los miembros de la familia, y enseñar a los hijos desde pequeños a mantener limpio el lugar donde viven.

Decimos "Sí" cuando queremos decir "No", esto deteriora el respeto por nosotros mismos. Si no lo decimos a tiempo puede crecer un resentimiento que tarde que temprano afecta nuestra autoestima. Di "No" cuando quieras, te sentirás mejor y orgulloso de ti mismo.

Utiliza la visualización a tu favor

Pronuncia frases como: "Merezco ser feliz"; "Merezco tener éxito"; mientras lo haces imagina aquello que anhelas. Hazlo en un lugar cómodo, utilizando técnicas de respiración. Concéntrate durante algunos minutos sólo en tu respiración. Visualízate como quisieras estar: sano, amado, feliz y teniendo éxito en lo que haces.

Di a ti mismo afirmaciones positivas por ese logro. Haz que tus sueños se conviertan en realidad dando el primer paso: ¡desear que suceda y verlo como una realidad! No por esto caes en exceso de soberbia, claro, sin quitar los pies del suelo porque hay de sueños a sueños. Se vale visualizar, pero metas alcanzables. Después de esta terapia de visualización, abre los ojos y define qué pasos debes dar para que los sueños se hagan realidad y ¡ponte en acción!, atrévete y actúa.

Recuento de éxitos y momentos felices del día

No cabe duda que terminar un día con broche de oro te ayudará a que el siguiente sea mejor. Antes de dormir dedica unos minutos a meditar sobre lo positivo, en lugar de hacer un recuento de los daños.

Dedica unos minutos a pensar y, si es posible, a escribir los tres logros y momentos más satisfactorios del día. Es algo tan simple, pero tan efectivo, para incrementar la autoestima. Por ejemplo: "Hoy concluí el proyecto que tanto me estresaba"; "Mantuve la paciencia con esta persona que me agobia"; "Hice ejercicio a pesar del cansancio"; "Visité a alguien que tenía muchas ganas de ver."

Haz diariamente un recuento de momentos felices hasta que se convierta en un maravilloso hábito, tu estado anímico mejorará considerablemente.

Practica estas siete técnicas para incrementar tu autoestima. Recuerda que los niveles altos de confianza en ti mismo y tu autoestima se traducen en mejores ingresos, según revela un estudio realizado por el profesor Timothy Judge, de la Universidad de Florida en Gainesville. Según la investigación, siete mil personas que en su juventud tenían buena opinión de sí mismos, ganaban mejor que quienes tenían menos confianza. Otro estudio constató que quienes crecieron con padres más cultos, adinerados y con un nivel de confianza más alto, ganaban "dramáticamente" más dinero que quienes crecieron en las mismas condiciones, pero con niveles de confianza menores.

La autoestima alta logra beneficios enormes, ayuda a alcanzar tus metas y a sentirte pleno. Vale la pena vivir en armonía con los demás y agregar en el menú de tus hábitos estas siete sugerencias que pongo a tu consideración.

Anota en tu directorio sentimental y de convivencia diaria a las personas que han andado la senda del éxito. No te sumes a quienes critican y envidian a los exitosos sólo porque brillan. Admira a las personas exitosas, únete a ellas, aprende de ellas, trata de imitarlas, igualarlas y superarlas. Trata a gente admirable y sentirás cómo se eleva tu autoestima. Recuerda: el éxito atrae éxito.

Decir adiós
con dignidad

Destellos de amor propio

Dedicaré este apartado a aquellas mujeres, muchas por cierto, que pasan sus días soportando el dolor que causa el desprecio o la indiferencia de quienes creyeron sería el amor de su vida. Hombre al que le suplican atención, comprensión y amor, aunque sepan que ya no existe amor.

El amor es como una planta, necesita atención, cuidado, ser nutrido, alimentado día con día. Si no es apreciado, atendido, acrecentado, entran en escena los fantasmas que hacen que la relación se deteriore en tal forma que la situación se vuelve irremediable. Esos fantasmas son la rutina, la indiferencia, la soberbia, la ira.

La comunicación y el diálogo son fundamentales para que la flama del amor permanezca encendida, aunque lo sabemos, "del dicho al hecho hay mucho trecho". Sabemos que la primera causa por la que el amor se deshace es la falta de comunicación, pero no lo pensamos y no ponemos en acción un sistema efectivo que nos ayude a mantener un diálogo constante con quien comparte nuestra vida.

El ajetreo que nos imponemos, los problemas que buscamos, el estrés en el que nos sumimos, nos impide dedicar tiempo al otro, tomar un momento para saber cómo se siente o piensa, qué le gusta o le disgusta, qué sueños tiene y qué podemos hacer para ayudarle a cumplirlos, cómo podemos, juntos, alcanzar la felicidad prometida.

Me sorprende darme cuenta y conocer a personas que a pesar de tantos desprecios e indiferencias, ven amor en quien demuestra lo contrario. Soy un convencido de que siempre hay que luchar por conservar la unión y no caer en la idea de que todo es desechable, incluso las personas; soy partidario de que un matrimonio sea para siempre, sé que el divorcio acarrea sufrimiento, pero entiendo que en ocasiones es un mal necesario, una salida para quienes ya agotaron esfuerzos para mantener la relación y no lo lograron, pero esa salida conduce a situaciones más dolorosas y destructivas, sobre todo para los hijos.

Este tema está dirigido a esas mujeres que viven inmersas en el sufrimiento por causa de una relación conflictiva, sin armonía, falta de paciencia, tolerancia y, claro, amor. Ellas suelen pensar que su pareja, "en el fondo", las quiere. El hombre, por naturaleza, se niega a la responsabilidad de un adiós a tiempo. Le espanta el estrés que causa una ruptura amorosa. Por eso se han acuñado frases como: "Es que estoy muy confundido"; "Sé que eres una mujer maravillosa; no eres tú, soy yo"; "Realmente no te mereces un hombre como yo"; frases utilizadas para evitar enfrentar la realidad y decir: "Lo que pasa, es que ya no te quiero, ya no siento amor por ti". Hay mujeres que en tal situación se aferran a sus sentimientos y tratan de conmover a su pareja con expresiones como: "Yo no puedo vivir sin ti"; "Te quiero mucho"; "No encontrarás quien te quiera y te dé lo que yo".

¿Y la dignidad? ¿La autoestima?

La mujer debe utilizar su intuición, su inteligencia para ver lo que pasa de forma realista y, si es el caso, salvar lo que queda de la relación. Quizá algunos hombres se molestarán por la sugerencia siguiente, pero debo compartirla.

"No hay peor ciego que el que no quiere ver", y dicen que el amor es ciego. La mujer debe enfrentar la situación con serenidad y decisión. Cuando el hombre diga que está muy confundido, respóndele que tome un tiempo para ordenar sus pensamientos y que si después de hacerlo aún estás disponible y sientes amor, podrán ver qué hacen. Si no es así, dile adiós y desea cosas buenas para su vida, da las gracias por el tiempo y el amor compartido.

Si dijo que eres una mujer maravillosa, que vales mucho y que no te merece, responde que lo sabes. Que eres y te reconoces maravillosa; aprovecha el momento para aumentar tu autoestima, ¡valórate!, siente que eres amada por Dios y por ti misma. Deja que él valore lo que está dejando, tal vez abra los ojos.

Las lágrimas y los reproches rara vez logran evitar el rompimiento. La seguridad en ti misma y en tu inteligencia son fundamentales. Si quieres jugar tu última carta, que sea con dignidad, con amor propio. Quizá el llanto no conmueva, menos los reproches, pero la serenidad, la cordura y dignidad pueden hacer recapacitar al otro.

Si estás iniciando una relación, no te involucres si descubres que no eres prioridad en su vida, que no te da la importancia que mereces, o no toma en cuenta tus opiniones. Fíjate bien y analiza cómo te trata, sobre todo en la adversidad. Escucha cómo se expresa de ti ante los demás y cómo se expresa de los demás contigo. Ve cómo trata a sus hermanos, padres, amigos, eso te indicará cómo te tratará a ti.

Todos tenemos defectos, desde luego. Pero si ese hombre juzga sólo tus defectos y pasa por alto tus cualidades, bajará tu autoestima, hará que te sientas desvalorada y anides rencor en tu corazón. En el amor suele pensarse mucho con el corazón y poco con el cerebro. Piensa y analiza, ¿qué futuro hay en la relación?

No pierdas el tiempo con quien no te valora; no le llores a quien no te llora y busca llenar tu vida con amor y alegría. Cierto es que decir adiós es difícil, pero más penoso y frustrante es decirlo a destiempo, cuando no queda otra salida.

A esas mujeres que transitan una situación difícil porque el barco de su amor va directo al naufragio, les pido que actúen con serenidad, que mediten sus decisiones, sobre todo cuando hay otros que pueden ser afectados irremediablemente, como los hijos. Pongan en la balanza de su corazón sus sentimientos, no pierdan la dignidad; no se resten valor, piensen que por el solo hecho de ser mujeres merecen total respeto. Todos estamos hechos para dar amor, sí, pero necesitamos que nos den amor. Alguien dijo: "Si amas a alguien, déjalo libre, si regresa es tuyo, si no vuelve, nunca lo fue."

¿Optimista?

Destellos de actitud positiva

En una ocasión, mientras esperaba la salida de mi vuelo de regreso a casa, tras haber impartido una conferencia en Guadalajara, escuché cómo una madre le contaba a otra mujer sobre las cualidades y defectos de sus dos hijos.

"El mayor de ellos", explicaba, "es muy estudioso, muy dedicado a su superación, tiene buenas calificaciones, es ordenado en todas sus cosas pero, desgraciadamente, es muy pesimista, a todo le encuentra lo negativo; siempre piensa en que lo que hace no le saldrá bien o que algo sucederá. Se siente inseguro de sí mismo", y continuó: "El menor, en cambio, ¡es una chispa! Siempre anda alegre, es un excelente deportista, amiguero, noble, es capaz de quitarse la camisa para dársela a otro, a todo le halla el lado bueno, pero tratándose de la escuela... ¡Ah qué batallar! Qué difícil se le hace presentar examen; si las matemáticas resuelven problemas, él tiene un gran problema para entenderlas, pero no se rinde."

Tal vez en tu familia sucede algo semejante. Hacer un análisis profundo, tratando de pronosticar cuál de las dos posturas puede derivar en un mejor futuro según el ejemplo, con base en los rasgos expresados, sería fantasear demasiado. No podemos vaticinar el futuro de una persona basándonos únicamente en su nivel académico y el grado de optimismo o pesimismo con el que enfrentan sus problemas en la vida.

Conocemos casos de personas que fueron excelentes estudiantes, premios al saber, ejemplos de constancia en sus labores académicas, encerrados siempre en su mundo de aprendizaje pero, aquí viene el pero, sin que yo pueda decir por qué, cuando se enfrentan en forma directa ante el desempeño y la aplicación de sus conocimientos en la vida, son inseguros, carecen de audacia, temerosos y, desgraciadamente, no son los brillantes estudiantes que conocimos en las aulas, viven con actitud mediocre.

Del otro lado, hay personas que no fueron precisamente estudiantes distinguidos, quizá hasta acreditaban "de milagro" y, sin que tampoco pueda explicar por qué, aunque sospecho que mucho ha de influir la forma en que asumen los retos, son triunfadores en todos los aspectos.

Un pesimista tropieza con una piedra y se golpea la rodilla: maldice a la piedra, al que la dejó en su camino y hasta a la naturaleza por haberlas creado (a las piedras claro). A todo el mundo le cuenta que se tropezó; enseña sus heridas y lamenta la hora en que sucedió. El optimista se tropieza y cae. Se levanta y se felicita porque no se golpeó en la cabeza. O sea, observa y agradece que las cosas no fueran peores.

Admiro a los optimistas, siempre muestran que las cosas no están tan mal como pudieran estar. Trataré de enfatizar algunas diferencias entre el optimista y el pesimista:

⬤ **1.** El optimista ve oportunidades que los demás pasan por alto. Analiza y aprovecha fortalezas desechando debilidades. Busca luz en la oscuridad. Aprecia las espinas porque protegen flores. Ve árboles, no sólo el bosque. Ante la enfermedad de un ser querido, asume una actitud positiva y propositiva. Ante un despido injustificado analiza más el para qué, que el por qué. Es consciente de que las cosas no siempre serán como quisiera que fueran y acepta que la vida es a veces difícil, y que todo tiene una solución. Que la verdadera fortaleza se templa en la adversidad y no en la tranquilidad. Winston Churchill escribió: "El optimista descubre una oportunidad en cada desastre. Para el pesimista, en cambio, toda oportunidad es un potencial desastre."

⬤ **2.** El optimista busca soluciones, no culpables. El pesimista busca culpables para discutir, evadir su responsabilidad y retrasar soluciones. El culpable de alguna irregularidad será potencialmente responsable, sí, pero en momentos de crisis lo que interesa es salir adelante. El optimista se pone en movimiento, busca soluciones.

⬤ **3.** El optimista habla de eventos alegres, siempre con un leguaje positivo aderezado con risas y sentido del humor, pensando en un futuro alentador. El pesimista se muestra siempre derrotado, su plática es de penas, achaques, sufrimiento, incomprensión, dudas, temores, enfermedades y cuadros clínicos que a nadie interesan. El futuro podrá parecer incierto, es obvio, pero si aplicamos la ley de la atracción y la fe, lo visualizaremos siempre de forma positiva, ya que las oportunidades y la prosperidad se acercan más a quienes las desean y las esperan con fe.

Las preguntas obligadas son: ¿puede un pesimista volverse optimista? ¿Puede cambiar su actitud de derrotismo por una de seguridad y certeza? Ser pesimista implica que la forma de actuar y las costumbres están tan arraigadas que nos llevan sólo a ver lo malo e ignorar lo bueno; a percibir la vida como una tragedia o un drama, en vez de como una comedia; a expresar sólo frases desalentadoras. Los cambios sí son posibles, pero generalmente se buscan cuando el pesimista se da cuenta al fin de que sus actitudes lo han hundido en una apatía asfixiante, y lamenta haber pasado los mejores años inmerso en esa actitud. Sin embargo, la vida siempre da otra oportunidad, lo importante es tomarla y poner todo el empeño en cambiar nuestras actitudes. Si después de una crisis emocional hay el firme propósito de salir del pesimismo para enfrentar la vida con ánimo de disfrutarla, se puede lograr el cambio.

Si una persona que ha padecido una vida pesimista, carente de ilusiones y entusiasmo analiza las diferencias mencionadas, ¡claro que puede cambiar su vida! Y logrará, además, cambiar la vida de quienes forma parte de su familia, amigos o trabajo, todos tendrán una vida más placentera, amable y digna.

Quien brinque la zanja mental para arribar a la orilla del entusiasmo, el amor por la vida, el deseo de triunfar y el optimismo, llegará a la misma conclusión que han tenido muchos pensadores e investigadores de la conducta humana: "Si piensas bien o piensas mal, es lo mismo. Las dos cosas dependen de ti, pero las consecuencias suelen ser muy diferentes."

No esperes a que la vida te sorprenda con una desgracia para cambiar. Decide cambiar por decisión y no por necesidad. Amado Nervo dijo: "Nada hay tan contagioso como el optimismo. Vivir con un amigo optimista es encontrar la clave de la felicidad. El llanto de los otros suele hacernos llorar, pero la risa de los otros, invariablemente, irremisiblemente, nos hará reír."

¿Realista o pesimista?

Destellos de optimismo

Siempre he tratado de encontrarle el lado bueno a lo que se considera malo; de buscar oportunidades en donde los demás no las ven. Creo que la "suerte" es aliada de quienes trabajan y ponen un valor agregado en lo que hacen. Creo que las personas que consideramos "afortunadas", son quienes utilizan tres ingredientes que hacen la vida más llevadera y fructífera: fe, preparación y oportunidad.

He insistido mucho en la necesidad de enfocarnos en lo positivo de las circunstancias, aunque las tribulaciones dificulten ver lo bueno que podemos obtener.

Me resisto a caer en la tentación de ser tan "realista" que me impida reconocer las bendiciones que recibo a cada momento. Sin embargo, he escuchado argumentos variados que chocan con mi afán de vivir una vida con optimismo. Nunca ha faltado quien, por ejemplo, en el receso de alguno de los seminarios que imparto, me ha dicho: "Estoy de acuerdo con todo lo que dices, pero siempre he sido realista y eso me ha impedido ser feliz", o: "Lo que pasa es que hay gente que es mala y es la culpable de tanto sufrimiento que hay en el mundo", y no ha faltado quien afirme que el mundo va de mal en peor y que nuestro fin está próximo.

Todos conocemos personas que aseguran que la vida es una carrera de obstáculos, un sinfín de penurias donde la clave es sobrevivir. Tampoco debemos ponernos unos lentes que nos hagan ver todo color rosa. Cegarnos ante la verdad en ciertas situaciones o acontecimientos, o tratar de evitar el dolor a través del autoengaño, es un gran riesgo, según los psicoanalistas. Aunque es una técnica muy utilizada para la motivación, y funciona, puede ocasionar conflictos a largo plazo.

¿Dónde está la división entre el realismo y el pesimismo? Es una línea muy delgada, casi invisible, tan intangible que brincamos de un lado a otro de la misma con facilidad. La pobreza es una realidad lacerante, lo mismo que la indiferencia para tratar de aminorarla, cuando se recurre a argumentos del tipo: "Pobres siempre habrá", aceptamos esa realidad y la consideramos inevitable, caemos en el pesimismo y optamos por cruzar los brazos convencidos de que nada podemos hacer, pero no es cierto: es posible hacer un esfuerzo por ayudar a alguien, por compartir lo que tenemos con quien carezca de lo indispensable para vivir.

La violencia es otro mal que día con día se incrementa en nuestro entorno, afectándonos a todos, está presente en todos los niveles con rostros distintos. Soy realista al aceptar que existe y pesimista cuando acepto que crecerá sin importar los esfuerzos que hagamos para abatirla. Para que haya violencia se necesita predisposición, ésta se genera en la falta de valores sólidos que deben ser impartidos desde el seno familiar, y afirmados en la escuela.

No debemos caer presos del pesimismo y pensar que nada podemos hacer o aportar para erradicar la violencia. Qué importante es enfocar nuestro esfuerzo y crear conciencia primero en la familia, después en la gente que nos rodea y, finalmente en todos los círculos de nuestra sociedad. Oscar Wilde dijo: "El mejor medio para hacer buenos a los hijos, es hacerlos felices."

Todos podemos contribuir para evitar la violencia siendo más pacientes y consecuentes, ya que esta inicia muchas veces con actos de ira, se fomenta al tratar mal a nuestra pareja, hijos, hermanos y compañeros de trabajo. Son acciones negativas que se acumulan y que, tarde o temprano, explotan en otros ámbitos de nuestra vida.

Tú y yo podemos evitar el pesimismo frente a los actos de violencia, modificando nuestra forma de actuar y sembrando constantemente pequeños actos de amor para con nuestros semejantes. Es una realidad que muchas personas viven en el terrible estado del conformismo, se conducen haciendo las cosas sin entrega y compromiso, sin afán de hacerlo bien y con valor agregado.

Es cierto que la cultura ha tenido mucho que ver en esto. Soy realista al aceptar que desafortunadamente la ley del mínimo esfuerzo es parte de la vida de muchas personas. Sería un pesimista si me pusiera a imitar esa conducta. Una conducta no debe ser un destino; la gente puede cambiar para bien y, una fuerte razón es por imitación. Permíteme compartirte esta historia que ejemplifica la influencia de la imitación: Monterey, California, se caracterizaba por la gran cantidad de pelícanos que la habitaban. Con el paso del tiempo, estos animales aumentaron considerablemente debido a la gran cantidad de industrias relacionadas con el procesamiento del pescado. Los deshechos de las empresas eran festines para ellos. Sucedió que las industrias fueron cerrando los centros de trabajo debido a la disminución de la producción. Los ecologistas advirtieron un gran problema: los pelícanos se habían acostumbrado a tener comida sin buscarla; sin tener que tirarse en picada para extraerla del mar, los animales habían perdido su destreza para cazar, y la escasez provocó que murieran poco a poco de hambre.

¿Cuál crees que fue la solución? Importar pelícanos de otras partes para que los locales vieran y aprendieran a cazar para alimentarse, así recobraron el hábito de conseguir su sustento. ¿Cuál es la moraleja? Que lo mismo puede ser aplicado en nosotros, que somos seres "pensantes". Caer en el pesimismo sería aceptar los malos hábitos y conductas dañinas como un proceso natural. Actuar en forma pesimista es convertirnos en parte del problema y no en solución. Actuar con pesimismo es aceptar, por ejemplo, que los jóvenes de hoy son problemáticos y desconsiderados, sin poner nada de nuestra parte para comprenderlos y ayudarlos a ser hombres de bien.

Soy, y quiero seguir siendo optimista, trato siempre de predicar con el ejemplo, aderezo mis acciones con amor hacia mis semejantes, y trato de aprender continuamente de quienes han logrado hacer de lo ordinario, algo extraordinario.

Debemos ser realistas, nunca pesimistas. Aceptemos que todos tenemos que afrontar retos en la vida y que el optimismo es lo que nos motiva a emprender acciones realmente positivas.

Quiero ser realista, pero también optimista.

Lo más admirable en una mujer

Destellos de superación

Siempre he dicho que la mujer es un ser admirable. Ha luchado durante años por tener un lugar dentro de una sociedad donde el hombre normalmente decidía, y tenía los mejores puestos y oportunidades. Ha demostrado que sus habilidades y destrezas no son iguales a los hombres, eso sería la peor prueba de mediocridad, más bien son diferentes.

Con inteligencia y constancia ha sobrellevado las adversidades y demostrado que su intuición es una de sus mejores herramientas, que su gran amor es su más grande fortaleza. Pero ser mujer y además, ser mamá, es un verdadero arte. Una destreza que se adquiere con base en el amor y el sacrificio. Una entrega total cuyo fin, en la mayoría de los casos, se basa en buscar la felicidad de los demás.

Muchos hombres sabemos o sabremos lo que es amar a un hijo, pero nunca podremos comprender o experimentar el gran amor que siente una madre. Existen infinidad de libros y poemas que hablan de la mujer, sobre las madres, de las grandes virtudes que tienen estos seres que dan testimonio de amor y entrega.

Quiero compartir contigo las que, según mi experiencia, son las cinco cualidades que un hombre admira más en una mujer. Claro que no son las únicas, pero sí las más importantes. Deseo que las leas, analices y verifiques su maravillosa presencia en ti.

Prudencia

Una cualidad que, en sí, habla de otros valores significativos como la paciencia y la entereza. Una persona prudente dice las cosas a la persona correcta, de la manera correcta, en el lugar correcto y en el momento correcto. Ser prudente es un gran reto, porque por naturaleza tendemos a confundir la sinceridad con la prudencia.

Cuántas veces tomamos papeles que no nos corresponden y nos convertimos en jueces implacables sólo por demostrar nuestra "sinceridad". No falta quien dice: "¡Te va a doler lo que te voy a decir!, pero lo haré porque soy muy sincera, ¿por qué eres tan bruta, comadre?"

Nos falta prudencia para reconocer que no todos tenemos la misma sensibilidad y que los estados anímicos cambian constantemente. Que el día de hoy puedo estar mucho más sensible que ayer. Una mujer prudente analiza el momento adecuado para tratar determinada situación con su pareja, evitando el bombardeo de noticias negativas a la llegada del marido: "¡Habla con tu hijo, no sabes lo que hizo!"; "¡Qué bueno que llegaste!, antes de cenar quiero decirte que llamó tu mamá, lloraba como siempre, ya sabes cómo es". La paciencia es la mejor amiga de la prudencia.

Inteligencia

La inteligencia de una mujer para sobrellevar situaciones adversas e inesperadas es notables. Es la inteligencia que le da las herramientas para tratar con un adolescente complicado. La inteligencia que demuestra al tener siempre temas de conversación y estar enterada de las noticias del día.

Fomentar este valor requiere de constancia y disciplina. Admiro a las mujeres que hacen de los libros sus amigos. Leer, generalmente nos transporta a otros lugares y momentos. Nos ayuda a capacitarnos sobre temas que necesitamos dominar en la vida. Una costumbre común es caer en una certeza tan falsa como peligrosa, creerse un producto terminado. Creer que todo lo sé: "Ya leí, durante la primaria, secundaria, preparatoria y carrera, todo lo que tenía que leer." Una mujer inteligente explota al máximo su intuición. Esa característica de leer entre líneas, de detectar cosas que el hombre no detecta, de leer las miradas de sus hijos y saber que algo está mal, de sentir y percibir las preocupaciones de quienes la rodean.

Manejo de la ira

Por supuesto que no es malo enojarse. La diferencia está en cómo nos enojamos. Lo que dejamos salir cuando no controlamos este sentimiento que tanto daño hace a los demás. La ira es un sentimiento normal, que debe y merece ser canalizado de forma adecuada. El arte es saber enojarse con "categoría". No caer en el juego de los otros que muchas veces desean conocer tu punto débil y comprobar que no eres tan fuerte como pareces.

Si es necesario actuar... ¡actúa! Busca el mejor momento y las palabras correctas para transmitir tu malestar. Busca siempre y sé asertiva para tocar los puntos y detenerte cuando ya no puedas seguir hablando. Detecta las señales de alarma que tu cuerpo emite cuando estás perdiendo la calma, porque la mayoría de las veces nos arrepentimos no de lo que quisimos decir, sino de cómo lo dijimos; es decir, de las oraciones y adjetivos que utilizamos para transmitirlo.

Fortaleza ante la adversidad

Una idea equivocada y transmitida por largo tiempo, es creer que la mujer es el sexo débil. Cuántas historias conocemos sobre mujeres que ante la adversidad sacaron la casta y se sobrepusieron. Cuando los demás han doblado las manos, ellas demostraron que las cosas suceden por algo, y que de todo se puede aprender.

Mujeres que han sacado adelante a sus hijos, cuando la soledad y el abandono se hacen presentes. Y cuando digo soledad, me refiero también a aquella que se experimenta al estar acompañada y no tener el apoyo del ser amado. Muchas veces esa fortaleza de las mujeres es "actuada", pero cuánto bien hace a quienes la rodean.

Simplemente el umbral del dolor. Como médico he testificado y admirado la diferencia entre hombres y mujeres. Hombres que con cualquier inyección hacen un gran escándalo (me incluyo), y mujeres que han demostrado su fortaleza en los dolores más intensos. Para qué entrar en detalles, con sólo imaginar la intensidad de los dolores del parto.

Fortaleza en la adversidad de sospechar y detectar que la persona en quien confió y en quien depositó su esperanza, le ha fallado y, aún así, ser capaz de perdonar. No lo avalo, pero sí admiro la capacidad de perdonar agravios, actitud que también es ejemplo de fortaleza.

Sentido del humor

Saber reír es una característica admirable. La risa hace milagros, calma tempestades y ayuda a recordar que somos seres vulnerables y que aprender de la vida es recordar que no tenemos ni debemos tomarla tan en serio. Recuerda que la risa es contagiosa y hace milagros. Una sonrisa abre corazones, incrementa el carisma.

Es un hábito que merece ser fomentado en cada familia. Una buena carcajada al día activa y reactiva el aparato inmunológico, la defensa del organismo, son múltiples las investigaciones que avalan los beneficios que aporta a la salud.

Deseo que estos cinco puntos sean ingredientes que definan tu personalidad. Que los pongas en práctica y que, si por alguna razón permanecen guardados, los saques a flote para bien tuyo y de quienes amas. Espero que, presente o ausente, sean la alegría y la entereza el factor que más admiren en ti.

Conoce
tu temperamento

Destellos para relacionarte

Tuve el gusto de leer un magnífico libro llamado *Los temperamentos en las relaciones humanas*. La autora, Rosa Barocio, es una mujer muy carismática, originaria de Cuernavaca, Morelos, y con una gran trayectoria en el área de la educación y las relaciones humanas.

Me gustó tanto su libro que la invité al programa de radio que tengo el gusto de conducir, verdaderamente me llamó la atención el tema de los cuatro temperamentos de los seres humanos.

¿Por qué si diversas personas ven un mismo accidente cuando lo describen, sus comentarios son distintos? ¿Por qué hay gente a la que con cualquier comentario se le puede herir, mientras que a otra todo se le resbala? ¿A qué se debe que hay quienes por cualquier cosa se ponen como energúmenos, y quienes mantienen la calma ante las provocaciones? Ella afirma que es por los diferentes temperamentos que tenemos.

Deseo que con base en la información que te compartiré, identifiques tu tipo de temperamento, te ayudará a entender tus reacciones y la forma de comportarte en los diferentes acontecimientos de tu vida. Asimismo, que te ayude a conocer los temperamentos de la gente cercana, con el fin de que mejores tus relaciones.

Todos tenemos algo de los cuatro temperamentos, pero hay uno que predomina sobre los otros. Conocer esta clasificación puede facilitar la comprensión de nuestra pareja, padres e hijos.

Crecer implica trabajar interiormente y conocernos más. Hay quienes escogen el dolor y el sufrimiento como estilo de vida y hay quienes deciden vivir con alegría a pesar de las adversidades. He aquí los cuatro temperamentos:

Coléricos

Son dinámicos, energéticos, impetuosos, trabajadores, muchas veces insensibles y enojones. Son personas que cuando se proponen algo lo cumplen porque saben focalizarse. Saben qué quieren y luchan incansablemente por llegar a eso. La terquedad es una cualidad inherente a su ser. Les gusta controlar y dirigir, tienden a ser obsesivos. Son sumamente eficientes en el trabajo y "donde ponen el ojo, ponen la bala". En otras palabras, se entregan en cuerpo y alma a lo que creen o les interesa. Sus grandes cualidades son el entusiasmo y la pasión que logran contagiar a quienes les rodean, así como el don de la palabra, ya que saben convencer con sus argumentos y su elocuencia. Obviamente, por esta pasión que ponen en todo, cuando algo les molesta se enfurecen con facilidad; "les hierve la sangre". La rabia los puede llevar a la violencia.

Sanguíneos

Son personas alegres, activas, superficiales, platicadoras, espontáneas y distraídas. Nada les da pena y son sumamente adaptables a las situaciones y circunstancias. Todo les interesa, pero se meten poco en cada cosa. En la escuela son a quienes, por su dinamismo, se les dificulta poner atención. Viven el aquí y el ahora, el ayer ya se les olvidó y mañana aún no llega. Disfrutan la vida al máximo y a todo le encuentran el lado positivo. Una de sus grandes cualidades es su facilidad para perdonar.

Melancólicos

Sensibles, soñadores, quejumbrosos, detallistas, cautelosos. Cuando son niños tienen la cara larga con la mirada triste, lo cual lleva a los padres a preocuparse constantemente por su salud y a sobreprotegerlos.

Son tímidos, resentidos e indecisos, ya que siempre necesitan tiempo para tomar decisiones porque estudian todas las posibilidades de una situación, ya sea positiva o negativa. Tienen una excelente memoria cuando se trata de agravios y ofensas: no se les olvidan y con su gran sensibilidad tienden a exagerarlos y a ser sumamente rencorosos. Son introvertidos y les gusta la soledad para retirarse a soñar, pensar o escribir algo. Son románticos, les gustan las cenas íntimas y los detalles. Nos les agradan las multitudes ni las fiestas ruidosas. Cuando están con poca gente, muestran un excelente sentido del humor.

Flemáticos

Tranquilos, pacientes, ecuánimes, observadores, bonachones, meticulosos y rutinarios. ¿Cuál es la prisa?, parece ser su frase favorita. En otras palabras, ellos llevan su ritmo, parece que les "circula atole" por las venas.

No pierden la cabeza ante una emergencia, la sobrellevan con inalterable tranquilidad. Su vida es muy ordenada y por eso puede volverse rutinaria. Son callados y conservadores, les gusta lo conocido y se resisten a los cambios. Por su misma forma de ser les gustan los trabajos minuciosos y repetitivos.

¿Ya identificaste cuál de estos cuatro temperamentos predomina en ti? ¿Cuál de ellos determina a quienes más quieres? Estoy seguro que conocer tu temperamento te ayudará a comprender tus reacciones, asimismo, te ayudará a comunicarte mejor con la gente porque los entenderás más.

No cabe duda de que los seres humanos somos complejos por naturaleza. Y dentro de esta complejidad, los temperamentos nos llevan a requerir necesidades diferentes.

Vale la pena conocernos para crecer.

Gente
difícil

Destellos de madurez

"**M**i vida sería maravillosa, si no fuera por los miles de millones de personas que habitan en este planeta." Esto lo escuché hace varios meses, de una persona que se quejaba amargamente de encontrarse continuamente con personas que le hacían la vida imposible o insoportable. Se quejaba por tener que lidiar con compañeros de trabajo, que eran insensibles y prepotentes.

"Es un verdadero suplicio aguantar a clientes exigentes y desconsiderados, ni para qué agregar", decía, "aguantar a mi suegra, que continuamente se mete en nuestra vida con sus chismes y chantajes emocionales; es otro problema". Escucharla me llevó a reflexionar en que somos diversos, que no pensamos igual y que, tarde o temprano, esta variedad manifestada en pensamientos, prioridades, principios y valores, puede generar conflictos. Hay muchos tipos de gente difícil.

La definición más adecuada de gente difícil para mí es: "Persona con conflictos sin resolver, que pretende agrandar su imagen a costa de disminuir la de los demás".

Probablemente no sea su intención complicar la vida de los demás, pero con sus carencias y conflictos internos lo hacen, entonces surgen los problemas.

Quiero compartirte tres primicias que considero fundamentales para este tema. Estoy seguro que si reflexionas en torno a ellas, encontrarás nuevas estrategias para sobrellevar a gente que, ante tus ojos, parecen difíciles o prácticamente insoportables.

Detrás de una persona difícil, hay una historia difícil

Te pido que pienses en alguien complicado, alguien con quien debas lidiar frecuentemente. ¿Conoces su historia?, ¿sabes algo de su pasado? Puedo asegurar, sin temor a equivocarme, que su vida no ha sido sencilla, que probablemente su pasado está lleno de inseguridades, miedos, agresión o indiferencia. Estos factores modifican a las personas, desafortunadamente para mal.

No pretendo justificar su conducta, aunque busco entenderla. Entender que en las acciones de esas personas subyace la solicitud de aceptación, de sentirse valoradas o amadas. Que con sus actitudes poco detallistas, agresivas o indiferentes, intentan llamar la atención o adquirir la relevancia que no logran de otra manera.

La gente difícil tiene una historia difícil, una historia que muchas veces quiere ocultar u olvidar a través de conductas que dañan a otros. Una historia que puede remontarse al tiempo que estuvieron en el vientre de sus madres. ¿Qué tan esperados y aceptados eran? ¿Qué vivencias y sensaciones tuvo la madre durante el embarazo? Eso también determina. O historias donde la carencia de afecto durante etapas cruciales del desarrollo, formó antagonistas que obstruyen la vida de quienes los rodean.

Repito, no los justifico, pero se requiere madurez para comprender la razón de sus actos.

Nadie puede hacerte la vida imposible a menos que tú lo permitas

Siempre existe la posibilidad de aceptar o no, los agravios y humillaciones. Me quedo verdaderamente sorprendido después de conocer historias de personas que han sufrido tremendas agresiones de todo tipo, incluso privación de la libertad, y luego publican sus vivencias y aprendizajes. Siempre existe la posibilidad de decidir qué tanto permito que me afecten los desplantes y agresiones de otros. Y ese es precisamente el concepto que más habla de madurez o crecimiento personal. La fortaleza de la gente se mide durante las adversidades, no en la tranquilidad.

Las ofensas son como obsequios que se te ofrecen. Si las aceptas, son tuyas, si no, ¿quién se quedará con ellas? Obviamente quien las brindó. No aceptar te evita gran cantidad de conflictos y te lleva a vivir bien y en paz.

Hace varios años me contaron una historia sobre un maestro estricto y exigente al que, durante el último día de clases, uno de sus alumnos le expresó con ira acumulada: "¡Me alegro de que haya llegado este día para decirle que es de lo peor que he conocido! ¡Es un inepto, déspota, el profesor más desagradable que he tenido! ¡Qué bueno que no lo volveré a ver!." El profesor sin inmutarse respondió: "Gracias por tus comentarios, pero no los acepto. Puedes llevártelos, no son para mí", y continuó su camino sin malestar aparente."

¿Qué hizo? Simple y sencillamente no aceptó. No le dio relevancia a los reproches, no se afectó por las agresiones que, a su juicio, eran inmerecidas. ¿Cuántas veces hemos reaccionado de forma totalmente diferente? ¿Cuántas ofensas o agravios hemos respondido con agresividad y sin control? con ello, lo único que logramos es atizar el fuego, y complacer al agresor que quería desestabilizarnos.

Es más fácil ponerte sandalias que alfombrar el mundo

Este concepto oriental es muy cierto, nunca podremos cambiar a toda la gente, no será como queremos. Es más fácil fortalecer mi autoestima e intentar poner armonía donde quiera que esté, para permitir que gente y palabras fluyan.

Desde pequeños nos han dicho: "Toma las cosas de quien vienen"; sin embargo, es raro quien realmente deja pasar de largo las ofensas; es decir, el consejo es frecuente y la práctica escasa. Nos sentimos continuamente agredidos por ofensas y agravios. La gente ofende cuando lo necesita, cuando su vacío interior es de tal magnitud que busca llenarlo con agresividad, de hecho y palabra. Permite que las cosas y la gente fluyan. No te estanques en el mar de los agravios, recuerda que cada uno es como es y nada puedes hacer al respecto.

La gente cambia cuando se siente aceptada y valorada. La gente hace un esfuerzo por agradarte cuando ve que la aceptas tal y como es. No cabe duda de que la habilidad de ciertas personas para hacer sentir valorada y querida a la gente complicada, genera más milagros que toda una cadena de reproches.

Deseo que practiques estas premisas, que las consideres y que reflexiones en torno a cómo pueden impactar, día a día, en tu vida.

Gente insípida

Destellos contra la indiferencia

Q uiero confesarte que no se me complicó encontrar el título adecuado para este capítulo. El sentido del gusto es un gran regalo que a los seres humanos se nos da, y que no todos valoran o disfrutan. Hay quienes comen por satisfacer una necesidad y no experimentan el placer implícito en ello; cuando ingerimos con rapidez, impedimos que las papilas gustativas hagan su labor, tengan tiempo para percibir lo salado, lo dulce y lo amargo, así como la mezcla perfecta que hace de la comida algo único. Es tanta su urgencia y nivel de estrés, que no dejan espacio para que, al comer, gusto y olfato, creen magia.

"Insípido" es un término utilizado para describir la ausencia de sabor. La falta de un ingrediente que le dé sabor a la comida. El diccionario agrega a la definición algo que llamó poderosamente mi atención: "Falto de gracia o de interés." Por eso, decidí utilizar el término para referirme a quienes hacen de sus vidas un producto "insípido".

Hay personas que carecen de gracia, no cautivan con su presencia, que teniendo la oportunidad de agradar, cumplen con la obligación de tratar al otro sólo de forma "normal". El término es muy oportuno para quienes con su servicio rutinario demuestran poco interés a pesar de usar el lenguaje adecuado para atender a alguien.

En la actualidad, es más frecuente encontrar a personas entrenadas para realizar un trabajo, agregando técnicas orientadas a la satisfacción del cliente y sus necesidades, pero con un toque personalizado. Usan frases amigables que le dan un sentido diferente y elevan la calidad del servicio. Contestan el teléfono con frases que dan la bienvenida a la empresa y transfieren la llamada agregando otras que aprendieron en seminarios de calidad en el servicio.

No cabe duda de que esto es positivo y, sobre todo, hace del servicio una experiencia diferente, y hasta inolvidable. Pero aun dentro de este grupo selecto de personas "capacitadas o entrenadas" para dar un buen servicio, no faltan quien lo hace de manera autómata y fingida. Expresan: "¡Mucho gusto!", pero no parece sincero; hacen uso de frases como: "Con gusto, caballero"; "Claro, caballero", "No es ninguna molestia", pero las dicen como lo haría la grabación de un robot, emplean voces secas, carentes de expresión, sinceridad y emotividad: insípidas.

En otras palabras, saben qué frases utilizar para cumplir el papel que les fue encomendado, pero para hacerlo, falta sentimiento y corazón. Se nota la falta de una sonrisa que le dé ese "sabor" especial a la experiencia, o una mirada sincera y directa a los ojos de quien atiende.

No quiero parecer aguafiestas, mucho menos criticar a quienes incluyen en su actividad este tipo de procedimientos, lo que deseo enfatizar es la importancia de hacer un esfuerzo adicional para que el servicio sea auténtico. Un servicio personalizado y humano. Es tanto el terreno avanzado al conocer palabras y frases de calidad, que es lamentable desaprovechar la oportunidad de dar un servicio con calidez.

Qué bueno es que el vendedor inicie "actuando" un buen servicio y a costa de la repetición agregue sentimiento y corazón a la acción. No puedo olvidar la gran competencia que existe en estos momentos por la proliferación de nuevas compañías aéreas que han venido a fomentar la competencia y la disminución de tarifas; todo en beneficio de los usuarios. Ahora tenemos más opciones para viajar a precios más bajos.

Durante uno de mis viajes dentro del territorio mexicano, me sorprendió favorablemente una de estas nuevas compañías: aviones nuevos, funcionales, muy cómodos, personal joven utilizando frases amigables durante el servicio a bordo. Pero, a pesar de ser una nueva aerolínea que inició actividades hace menos de un año, su personal está automatizado, prácticamente se notaba fastidiado, harto, ¡ah!, pero eso sí, utilizando la frases de bienvenida y de agradecimiento que identifican a la compañía aérea; sin embargo, no sentí que les agradara mucho su trabajo.

Sabes que los niños detectan a quienes realmente los quieren. Es una percepción muy desarrollada en ellos, misma que, con el paso del tiempo, puede perderse; aun así, son muchos los adultos que la conservan. La cualidad de percibir en dónde eres bienvenido y en dónde no; quién te quiere y quién no; quién verdaderamente se siente contento de tratarte y quién no, es una aliada.

El servicio insípido puede hacer que la gente lo interprete como algo falso; algo que obligatoriamente tengo que decir porque así lo marcan los procedimientos. Estoy seguro de que esto se aplica también en la vida personal, en la relación de pareja o con nuestros hijos. Decimos: "Te quiero", sin sentirlo. Bueno, tengo que reconocer que eso es mejor que no decirlo, aunque si a la expresión le añadimos sentimiento y caricias, todo siempre en congruencia, realmente haremos que el otro se sepa y se sienta querido.

No cabe duda que el hastío y la rutina pueden hacer su aparición en cualquier área de nuestra vida. Cada vez son más los libros que se publican para mejorar las relaciones humanas, para ser más asertivos y prudentes en el trato con los demás. Nos entrenamos para agregar valor a lo que hacemos y enfrentar así la gran competencia que existe. Qué bueno que esto ocurra, pero no olvidemos hacer del trato una experiencia agradable y, por qué no, inolvidable.

Quita lo insípido en tu trato y verás la diferencia. "La gente olvida lo que le dices, pero nunca olvida cómo la hiciste sentir."

Durmiendo con el enemigo

Destellos para volver a empezar

Probablemente recordarás el título de esta película, fue impactante y tuvo mucho éxito porque abordó un tema delicado a pesar de su recurrencia. El papel principal femenino fue interpretado magistralmente por Julia Roberts.

En dicha película, la protagonista se enamora del "hombre de su vida" y se unen en matrimonio. Con el paso del tiempo, descubre su verdadera personalidad y ese hombre que la cautivó, resulta alguien obsesivo y agresivo que insulta por todo. En otras palabras, el amor que los unió, se transformó para dar paso al infierno, donde dominaba el chantaje y la violencia psicológica.

Esta película me llevó a reflexionar en torno al sinfín de relaciones tóxicas que sostienen infinidad de personas. Se unen sin conocerse lo suficiente, creyendo que los "pequeños defectos" del noviazgo desaparecerán como por arte de magia en el matrimonio, pero no es así.

Es triste constatar que hay familias donde el amor es imperceptible y la armonía está ausente. Es lamentable que las parejas tengan hijos con expresión de alerta por las explosiones de carácter de su padre, madre, o de ambos.

Somos protagonistas en las películas de muchas personas, e incidimos en la existencia o carencia de la alegría en nuestro hogar. ¿Tu presencia fomenta el amor y la armonía? ¿Es fácil convivir contigo? ¿Eres una persona que generalmente es recibida con gusto? Responder sinceramente estas preguntas te permitirá saber si convivir contigo es una bendición o un tormento.

Te invito a que analices conmigo algunos puntos que te darán luz para identificar si convives con un enemigo o si, en dado caso, el enemigo eres tú.

Vives o eres el enemigo si te identificas con alguno de los siguientes puntos:

○ **1.** Tiene arranques de ira con frecuencia, lanza objetos y humilla. Su presencia genera un ambiente de incertidumbre o temor. Los arranques son explosivos y, muchas veces, por cosas sin importancia.

○ **2.** Se enfoca continuamente en las fallas y rara vez en los aciertos; reconocer los logros de los otros no es parte de su repertorio verbal.

○ **3.** Se queja continuamente de quienes no son como él cree que deberían ser. Su problema más grande son cinco mil y medio millones de personas con quienes comparte el planeta. La gente está equivocada, él en lo cierto.

○ **4.** El chantaje es una herramienta que usa con frecuencia para obtener lo que quiere. El chantaje es una estrategia que le permite hacer sentir mal al otro y con ello asumir el papel de víctima para tomar ventaja. Ejecuta el chantaje con frases como: "Lo que tienes me lo debes a mí"; "Nadie te querrá como yo"; "Sin mí, ¿qué harás?", entre otras.

○ **5.** Dice continuamente que te quiere, que sin ti no puede vivir, pero sus actos no son congruentes con sus palabras. Expresa verbalmente el amor que te profesa, aunque sus acciones son violentas, verbal o físicamente.

Es increíble comprobar que en pleno siglo XXI existen mujeres que permiten golpes y humillaciones, y que por miedo a asumir la responsabilidad de hacerse cargo de ellas mismas, y de sus hijos, vivan un verdadero infierno. Mismo que hubieran evitado si se hubieran dado la oportunidad de conocer a quien consideraron "el amor de su vida".

Detrás de todo destino hay una decisión. Antes de decidir con quién compartir tu vida, conócelo, analiza cómo es con sus padres y hermanos. Esto te puede dar pistas sobre cómo será contigo y sus hijos. Observa cómo reacciona ante las adversidades simples y complejas, cómo se porta cuando la gente lo contradice. Ubica cómo te trata en público y en privado. Verifica si hay congruencia entre lo que dice y hace.

Si duermes con el enemigo, busca ayuda cuanto antes. Coméntalo con personas en quien confíes, busca una solución. No calles ante la violencia. Si, por el contrario, te identificaste como enemigo, te pido que hagas un alto en el camino, que valores a quienes te aman y te han dado todo. Si no puedes modificar solo tu conducta, es válido pedir ayuda profesional, ésta te ayudará a sanar heridas emocionales que quizá existen desde mucho tiempo atrás, y pueden ser la causa de tus actos. Recuerda que el amor es la mejor estrategia para alcanzar felicidad, armonía y prosperidad. Cosecharás lo que siembras.

Te pido que hagas, hoy mismo, el compromiso de propiciar la armonía donde estés. De dar lo mejor de ti para que vivir contigo sea una bendición y no un tormento.

Mi frase célebre

Destellos de inspiración

En alguna ocasión leí que antes de morir necesitas hacer tres cosas: sembrar un árbol, tener un hijo y escribir un libro. Lo primero, además de sencillo, debería ser una obligación para cada individuo; necesitamos dejar este mundo tan afectado, mejor que como lo encontramos. Hacer de esto una costumbre, podría ayudar a responsabilizarnos por el planeta.

Tener un hijo, no me parece que sea opción para todos. Ya sea por convicción o esencia, no todos nacemos para ser padres; sin embargo, podría sustituirse esta condición por querer a alguien como si fuera un hijo. Yo creo que todos, en un momento determinado, experimentamos sentimientos de amor tan fuertes hacia alguien, que bien podrían ser equivalentes a los que despiertan los hijos en los padres.

Escribir un libro es un acto bello y grandioso, implica dejar para la posteridad un documento donde plasmes tu forma de ver la vida o algo relacionado con tu actividad profesional. Obviamente es algo que no a todos se nos facilita (y me incluyo), ya que sin caer en pesimismo o negatividad, es mucho trabajo y representa una gran responsabilidad. Probablemente no escribas un libro, pero puedes legar un pensamiento, documento o frase donde plasmes tus ideas sobre algo, sobre tu forma de percibir las cosas o la vida. Con el paso del tiempo ese escrito puede ser una bendición para alguien. ¡Imagínate dejar tu propia frase célebre para la posteridad! Si otros lo han hecho, ¿por qué tú no?

Durante mucho tiempo me he dado a la tarea de compilar frases de personajes que pasaron a la historia por expresar algo según su experiencia. Una frase célebre que compartieron y que hoy se utiliza en momentos significativos.

Quiero compartir contigo mi frase, espero que algún día sea célebre. La construí basándome en la observación y la experiencia adquirida tras atestiguar las transformaciones positivas de muchas personas. La mencioné sin aspavientos en mi libro *¡Despierta!... que la vida sigue*. Hoy quiero darle más espacio, considero que es fuerte, polémica y, tal vez les parezca injusta a quienes han llevado una vida recta, basada en principios y valores. Sin embargo, es alentadora para quienes han caído o se han equivocado. Dice: "La gente admira más a quien no fue tan bueno y cambió, que a quien siempre fue bueno."

Injusta, ¿verdad? Pero cierta, para comprobarla te pido que recuerdes a personas que se han hecho famosas por su arrepentimiento, después de haber llevado una vida basada en vicios y violencia. Recuerda el número de casos publicados donde los protagonistas, verdaderamente arrepentidos, dan testimonio de historias tremendas, hablan sobre tocar fondo y el proceso de transformación, además, luego de resurgir, dedican gran parte de su vida a ayudar a otros a través de su ejemplo y experiencia. En esas historias los protagonistas encontraron una luz en su camino, en muchos casos fue Dios.

La gente termina por admirarlos, los toma como modelos, afirma: "Mira a X, tuvo una vida tremenda, era adicto, violento y agresivo; pero se detuvo y se transformó en un hombre de bien. Se rehabilitó y pidió perdón a quienes dañó. Es un excelente padre y amoroso esposo, ¡qué admirable!" Ante esto, no falta el que repela: "Nunca he tenido vicios y siempre he sido responsable, buen padre y esposo, jamás he sido violento, y nadie me admira como a él", a lo que le responden: "Qué bien, ¡pero mira cómo él tuvo la fuerza para cambiar!"

Espero que mi frase no dañe la susceptibilidad de quienes decidieron llevar una vida regida por dignidad, amor y respeto. La hice porque invita al cambio a quienes, por la razón que sea, llevan una vida llena de rencor, indiferencia, vicios, violencia y desamor. Vale la pena reencontrar el camino y el cambio, la invitación es un destello de luz en la oscuridad.

Siempre se admira a quien se rehabilita. A quien pide perdón o a quien promete ser mejor persona y lo cumple. A quien decide sólo dar cabida a sentimientos nobles, a expresar su amor y reconocimiento. Vale la pena reivindicarnos y cambiar, te aseguro, sin temor a equivocarme, que tu transformación ocasionará tal impacto que alguien más decidirá seguirte, y te admirará por el resto de sus días.

¡Claro que la gente admira más al que cambia! Al que toma las riendas de su vida y decide tomar otra dirección para bien. Recuerda el efecto que tiene aventar una piedra a un lago tranquilo, se forman pequeñas ondas que, tarde o temprano, llegarían a grandes distancias. Este efecto repetitivo hará que tu vida adquiera significado, que quienes te conozcan te amen y valoren, incluso más que antes.

Esa etapa
llamada adolescencia

Destellos de entendimiento

¿**E**tapa de conflicto?, ¿de cambio?, ¿de rebeldía?, ¿de decisiones?, ¿de consolidación? Lo cierto es que el adolescente "adolece" de los conocimientos y herramientas para adaptarse a los cambios internos y externos que experimenta. Dichos cambios, generan confusión, está en los adultos apoyarlo en esta fase de la vida, sobre todo en quienes lo amamos y, las más de las veces, no lo comprendemos. La adolescencia es el periodo de transición para llegar a la madurez. Una etapa tan significativa que, dependiendo de cómo se lleve, repercutirá en la vida del adulto.

Me sorprendí ante cierta información que descubrí al leer estudios sobre el tema: ¡la adolescencia abarca de los diez a los veinte años! No sé tú, pero yo siempre creí que iba de los trece a los dieciséis. Los investigadores la dividen en: pubertad, adolescencia media y edad juvenil.

Lo importante es que es precisamente a esas edades cuando los conocimientos, espiritualidad o relación con Dios, y el sentido de la vida, impactarán en la adultez. Se dice que se llama adolescencia precisamente porque adolece, carece o necesita, ¿qué hacemos cuando detectamos que alguien querido necesita algo? Obviamente vemos la forma de dárselo. Buscamos ayudarlo. Con los adolescentes eso no sucede con frecuencia, de hecho, muchas veces la actitud de quienes lo rodean, se sustenta en la agresividad o imposición, para contrarrestar la rebeldía que manifiestan. ¡Claro que es difícil mantener la calma ante tantos cambios en el carácter! Pero es precisamente en esta etapa cuando más necesitan de nuestra comprensión y empatía.

Es recomendable en esta etapa ayudar o dar, ser suaves en la forma, y firmes en el fondo. Esto me ha servido mucho para sobrellevar a los adolescentes que he tratado, incluyendo a mi hijo. He aprendido a establecer las reglas del juego con amor. A ser firme en las decisiones, siempre intentando ponerme en su lugar. En esta etapa, el diálogo desempeña un papel fundamental. Facilita las cosas hacerlos sentir admirados, que somos su fan principal, quizá te parezca raro, pero imagínate qué responsabilidad tan grande asumirán al saber que sus padres los admiran, los quieren y aceptan tal y como son.

Es fundamental mostrar afecto con palabras y evitar etiquetarlos por sus acciones: "¡Eres un malagradecido!"; "¡Mira que sucio eres!"; "¡Eres un burro!" El reconocimiento es fundamental, aceptará con agrado la confianza de sus padres y, consecuentemente, confiará más en sí mismo. Asumirá con compromiso sus responsabilidades, y reconocerá su valía.

Sabemos que un adolescente se cierra al diálogo cuando el rechazo y los reclamos sustituyen a la comprensión. Ante un fracaso, evita recriminarlo. Busca resaltar el esfuerzo más que el resultado, explícale que los errores son maestros, verás que, tarde que temprano, habrá frutos. Siempre he creído que la mejor etapa para reafirmar la autoestima es la adolescencia. El amor propio y la valoración del propio cuerpo en ese momento de la vida, ayuda a los chicos a tomar mejores decisiones.

Te recomiendo realizar las siguientes acciones para fortalecer la autoestima de ese adolescente a quien tanto quieres:

○ **1.** Invítalo a hacer una lista de sus fortalezas. Pídele que escriba para qué es bueno. Es increíble la manera en que esta sencilla actividad refuerza la autoestima de la gente, y más en esta etapa caracterizada por el cambio.

○ **2.** Pídele que escriba los tres éxitos principales de su semana pasada. Deja que le diga éxito a lo que crea conveniente.

○ **3.** Desarrollar el valor de la solidaridad es fundamental en esta etapa. Cuando el adolescente se siente útil su autoestima se incrementa. Invítalo a hacer algo por los demás. Los grupos juveniles en algunas asociaciones o iglesias son ideales para este fin.

○ **4.** Invítalo a nutrir el intelecto, recuerda que quien más sabe suele tener y mostrar mayor seguridad.

○ **5.** Para aumentar su seguridad y autoestima, invítalo a incluir frases en su vocabulario que lo lleven a la acción y al éxito como: "¡Yo puedo!"; "¡Voy a lograrlo!"; es decir, frases que consolidan la voluntad de hacer que las cosas sucedan.

Sé que esta etapa puede ser conflictiva, y que lo mejor es preparar el terreno desde la niñez con amor y comprensión. No puedo olvidar una frase que leí hace años: "La mejor forma de hacer buenos a los niños es hacerlos felices." Estoy convencido de ello, más si procuramos su felicidad al poner límites con amor. No suplas con cosas el tiempo de calidad que merecen, y procura que tu apoyo les ayude a forjar un futuro mejor.

¡No te metas en mi vida!

Destellos de amor maternal

"**H**ijito, ¡lávate los dientes!"; "Hijo, se te hace tarde para la escuela"; "Arréglate ese pelo"; "Come bien, ¡estás muy flaco!"; "No salgas así, ¡te vas a enfermar!"; "Hija, creo que ese muchacho no te conviene"; "¿A qué hora llegarás?"; "¡Me tienes muy nerviosa!"; "¡Cuídate, por favor!"... "¡Cómo friega mamá!"

No me negarás que la frase: "¡Cómo friega mamá!" es multicitada. Quizá tú mismo la has expresado; la mayoría, con algo de fastidio y molestia, nos hemos preguntado: "¿Cómo es posible que siempre me esté diciendo lo que tengo o no tengo qué hacer?"

No sé si hayas sido como yo, de los hijos que hemos dicho: "Mamá, por favor, no te metas en mi vida, ¿quieres?" Lo acepto, hace muchos años, cuestioné a mi mamá de esa manera.

Una vez tirada la piedra, es imposible hacerla volver para evitar el impacto. No he olvidado las lágrimas en sus ojos y el profundo silencio en el que se sumió tras escucharme. No me reprochó, no me reclamó, no ejerció su autoridad; sólo me miró, más con compasión que con enojo, y me dijo calmadamente: "Dios quiera que nunca, fíjate bien, nunca, un hijo tuyo te diga algo como lo que acabas de decirme. No te imaginas cómo duele." Para acabar de amolarla, repliqué: "Mamá, no exageres. Entiende, es mi vida y yo soy quien debe decidir qué hace y qué no."

Dicen por ahí, y por algo será, que en la vida todo se regresa; que lo que sembramos, cosechamos, y mucho hay de cierto en ello. Hace algunos meses, mi hijo estaba atareado, armaba un avión a escala, de esos que hay que ensamblar minuciosamente y con paciencia. Al ver que la tarea se le complicaba, decidí "meter mi cuchara", sin pedirle consentimiento, casi le arrebaté el juguete al tiempo que decía: "¡Así no se arma esto; esta pieza debe ir aquí y ésta acá!", tras varios intentos fallidos míos por armar el juguete, ¡quedó peor! Las piezas no ensamblaron.

Rápidamente, con algo de molestia, mi hijo soltó la frase lapidaria: "Papi, ¿te pido un favor? No te metas, ¿quieres?" Ya podrás imaginar mi sentimiento. Se agolparon en mi mente, como ráfagas, las imágenes de la escena con mi madre, y escuché con nitidez las palabras que entonces me dijo.

Una madre siempre quiere lo mejor para sus hijos. Hay excepciones, desde luego; de vez en cuando nos enteramos, por ejemplo a través de las noticias, que hay madres que dañan a sus hijos. Afortunadamente son excepciones, la mayoría los ama y sólo desea para ellos lo mejor de la vida.

No podemos entenderlo hasta que nos toca estar del otro lado, al convertirnos en padres. Cuando somos niños, adolescentes y jóvenes, creemos tener la madurez necesaria para no oír consejos, para no escuchar o hacer caso de advertencias. Pensamos que estamos llenos de sabiduría como para tomar por nuestra cuenta cualquier decisión. Por eso nos desesperamos ante las actitudes de nuestros padres cuando de aconsejarnos se trata.

Dice el refrán: "Nadie sabe lo que tiene, hasta que lo ve perdido." Muy cierto. Cuánto extraño ahora, cuánto añoro, la llamada matutina de mi madre. Cuánto extraño sus preguntas constantes queriendo saber a dónde iba, con quién, qué empresa me contrataba; preguntaba por mis planes, viajes, sueños. ¡Cómo se extrañan esos sentimientos!

Una madre quiere, por naturaleza, saber de todo lo que a sus hijos concierne, simplemente porque sus hijos son parte de ella, son carne de su carne y siente por ellos un amor que no tiene comparación alguna. Se alegra con sus éxitos, con su felicidad; sufre con sus fracasos, con su dolor. Así están hechas las madres.

Hacerles ver que no es su asunto lo que hacemos, evitar que conozcan lo que pensamos, actuar con egoísmo y egolatría cuando intentan guiarnos y aconsejarnos, mostrarnos su amor y su cuidado, y responder a ello con el escopetazo: "¡No te metas en mi vida, sé lo que hago!", es como arrancarles un pedazo del corazón.

Te invito a que te tomes un momento para conocer, y sobre todo reflexionar, en torno a los tres regalos que como hijos podemos brindar a nuestra madre. Te aseguro que te lo agradecerá y el nexo se fortalecerá. Si lo haces, al final de sus días, sentirás la satisfacción de haber hecho lo que un hijo bueno debió hacer por ese ser que le dio la vida.

Paciencia

Debemos entender que los años han pasado; que no tiene la misma vitalidad que cuando fuimos niños. Paciencia para estar atentos a su interés constante, y hasta exagerado, por querer darnos lo mejor, siempre lo mejor para nuestra felicidad, aunque a veces pensemos que no tiene razón.

Prudencia

Para no herirla con frases o acciones que le generen sufrimiento. Tienes que ser sutil al expresar tu desacuerdo ante sus temores o inquietudes. Tu madre merece todo el respeto, tan sólo por el hecho de haberte dado la vida.

Entendimiento

Tener claridad para comprender por qué una madre necesita estar en todo, saber todo, opinar sobre cualquier cosa relacionada con la vida de sus hijos. Entendimiento para aceptar que así como hoy debemos apreciar sus consejos y preocupaciones, mañana anhelaremos ser tomados en cuenta por nuestros hijos.

No niego que existen casos donde las madres se meten de más en la vida de sus hijos, a tal grado de asfixiarlos. Esto es más nocivo cuando los hijos están casados. Sin embargo, un común denominador que observo en estos casos, es que los mismos hijos han solicitado la ayuda de su madre de diferentes maneras: dejándola al cuidado de sus nietos, viviendo en su casa, o pidiéndole todo tipo de favores con frecuencia. No cabe duda que esa falta de independencia es una responsabilidad compartida por madre e hijo.

Tenemos que amar a nuestra madre, demostrarle nuestro amor con hechos ahora, mañana, siempre; expresárselo, sí, decir: "¡Madre te amo! ¡Te agradezco la vida!". Dale gracias a Dios por su presencia, y pídele que ella ¡siempre se meta en tu vida!

Si tu madre ya no está en el mundo, como la mía, hazle un homenaje amando a quienes amó. Une a tu familia, olvida rencores y vive en paz. ¡Gracias mamá por meterte en mi vida! Te extraño.

Amor sin límite

Destellos de gratitud

Me quedé completamente sorprendido hace unos días en un centro comercial. Fui testigo de algo que hubiera preferido no ver ni escuchar. Estoy seguro de que entenderás, no es que sea curioso o me guste escuchar las conversaciones ajenas; sin embargo, escuché cómo una joven, de alrededor de veinte años, le hablaba a su mamá. Utilizaba frases violentas y agresivas, con cierto dejo de burla, gritaba sin importar nada; quienes presenciamos la escena nos sentíamos incómodos por la situación, y por la aflicción de la madre.

No cabe duda de que el amor se manifiesta de muchas maneras, pero el amor de una madre es verdaderamente fuera de serie. Qué razón tienen las madres cuando dicen: "¡Cuando tengas hijos lo entenderás!"

No puedo, o mejor dicho, me resisto a entender tanta ingratitud por parte de los hijos hacia una madre. Me resisto ahora más que nunca, tal vez porque ya no la tengo físicamente conmigo. Y quienes hayan vivido lo mismo, seguramente entenderán.

¿Hasta dónde ama una madre? Hasta que duela, como decía Teresa de Calcuta. Hoy quiero dedicar estas palabras a quienes Dios les ha permitido el don y la dicha de ser madres. Sé que jamás, como hombre, podré sentir ese amor incondicional, pero como padre puedo imaginarlo.

Hay vivencias que te marcan, esta anécdota de mi madre es una de ellas. Después de haber discutido con mi hermano por una insignificancia —así la entiendo ahora, entonces me parecía algo trascendente—, me llamó y dijo: "Hijo, eres muy maduro e inteligente, sé y entiendo tu posición en este problema, pero no me queda duda de que tu madurez hará que hables con tu hermano y le digas que todo está bien. Dile que lo quieres mucho, por favor." Me resultó imposible negarme a la petición de mi mamá, hice lo que me dijo.

Pasado mucho tiempo, recordando momentos vividos con ella, ahora que su ausencia es nuestra realidad, reímos mucho al descubrir que, a ambos, nos había dicho lo mismo. Tener una deuda con el prójimo hace que la energía se consuma sin propósito, genera que, de forma directa o indirecta, nos sintamos mal. Entrar en conflicto con un hermano, provoca dolor a una madre.

He concluido que son tres las cosas que más le duelen a una madre de las acciones de sus hijos:

○ **1.** *Los conflictos entre ellos.* Estoy convencido de esto porque, como padre, me duele muchísimo cuando mis hijos están distanciados por un pleito. Es un dolor que la madre lo interpreta, lo presiente, lo intuye en forma increíble. Imposible engañar a una madre cuando un hijo está peleado con otro. Su sentido maternal lo percibe, y ella sufre. Analiza la alegría que manifiestan las madres cuando ven que los hermanos se procuran, se protegen, se quieren.

○ **2.** *La indiferencia.* Mostrarse indiferente ante sus muestras de cariño, es transmitirle que su presencia no es importante. Por instinto, ella desea ayudar en lo posible a tu felicidad. Cuánta indiferencia demostramos al olvidarla durante días, al no compartirle nuestros anhelos y proyectos con el mismo entusiasmo con que lo hacemos con otros. Ellas lo perciben, sufren al sentirse ignoradas y no valoradas.

○ **3.** *La falta de reconocimiento.* Aunque nos digan hasta el cansancio que su amor es incondicional y desinteresado, sufren cuando no se les reconoce su sacrificio. Déjame decirte que no puedo olvidar la cara de mi madre cuando presenté mi libro *¡Despierta!...que la vida sigue.* No olvido sus lágrimas de orgullo al escuchar de mí las palabras que gracias a Dios le pude expresar: "¡Mamita, gracias por todo lo que has hecho por mí. Gracias por ayudarme a ser quien ahora soy!" Es precisamente ese reconocimiento el que queremos expresar cuando se van.

Te pido que, si tienes la dicha de tener a ese ser que te dio la vida, reflexiones en torno a estos tres puntos, haz un alto en tu vida, observa si las actitudes mencinadas las has tenido con tu madre, siempre hay tiempo para rectificar.

Señoras lindas, ¡Dios las bendice porque dieron vida! ¡Que sus existencias sean una eterna celebración!

¿Queremos acabar con el mundo?

Destellos de responsabilidad

Parece que la consigna de algunas familias es hacer todo lo posible, con actos irresponsables, para dañar el mundo que habitamos, que es único, que no nos pertenece, y que debemos cuidar para las futuras generaciones. Pienso esto tras observar el comportamiento de mucha gente, ante la disciplina que deberíamos practicar para frenar el deterioro ambiental.

Quiero compartirte algo que me aconteció hace algunos días. Decidí disfrutar con mi familia de un fin de semana en la montaña, emprendimos el viaje en automóvil hacia uno de los hermosos parajes que nos brindan las sierras de nuestro estado.

Los paisajes que encontramos a nuestro paso eran maravillosos: bosques multicolores con una escala interminable de verdes; colinas ondulantes, barrancas profundas y enigmáticas;

arroyos transparentes con la voz cantante de la naturaleza; flores blancas se movían emulando saludos, flores de todos tipos y colores; fragancias de maderas y pastos húmedos; cantos de pájaros en escalas maravillosas, en fin: la madre naturaleza en toda su plenitud, toda para nosotros, sin costo alguno; el eterno regalo de Dios.

Resultó que delante de nosotros iba otro automóvil ocupado por cinco o seis personas de diversas edades. Abrieron una ventanilla y lanzaron una lata al camino, luego, una bolsa de frituras, más tarde una botella de refresco y, para terminar, una lata de cerveza. Me hierve la sangre. Me gana el coraje ante tanta irresponsabilidad. Ante la situación, decidí irme deteniendo para que mi hijo bajara a recoger la basura. Más adelante, la familia de marras se había detenido en un paraje precioso, se disponía a disfrutar de él. Salí del auto y, con todo respeto, me acerqué a quien parecía el jefe de familia y dije: "Señor, se le fueron cayendo estas cosas en el camino." Se quedó helado, apenas balbuceó: "Gracias", mientras el resto de los integrantes intercambiaban miradas. Tal vez los tres niños del grupo aprendieron algo, eso espero.

Sé que es penoso hacer algo así, pero no creo que haya otra forma de exigir responsabilidad y conciencia a quienes no acatan las recomendaciones que nos hacen al respecto. Dime si no te da pena y coraje llegar a un lugar para disfrutar de la belleza de la naturaleza y encontrarlo lleno de basura dejada allí por quienes antes lo encontraron limpio y por eso se detuvieron a complacerse.

Todos nos quejamos de que cada vez hace más calor; del calentamiento global ahora tan de moda; de los desastres que causan las lluvias en las áreas urbanas por la gran cantidad de basura que el hombre manda a los drenajes pluviales, así como en los asentamientos humanos en lugares peligrosos a la orilla de arroyos y ríos.

¡Sólo tenemos diez años para frenar la catástrofe ambiental y climática! Así lo determinaron en la reunión de expertos de la ONU sobre cambio climático.

Mucha responsabilidad tienen también los gobiernos, ante su impotencia para frenar la tala ilegal de bosques y la expedición de permisos en forma irresponsable para el mismo fin. También pecan de irresponsables y cómplices los empresarios que, sin más espíritu que el de lucrar, se dedican a la producción de artículos contaminantes, al comprarlos, sin ser conscientes de ello, nos convertimos en un eslabón más de la cadena destructiva.

Hoy más que nunca, es fundamental poner en práctica la ley de las tres "R": Reciclar, Reducir y Reutilizar. Educar con el ejemplo es urgente. Lo que hagamos, será aprendido por nuestros hijos. Separar la basura, por ejemplo. La basura huele mal porque la revolvemos. Debemos separar, en un lado: envases de cartón y plástico. En otro: latas y vidrio. Juntar el periódico; hay quienes lo compran para reciclarlo.

Menos agua para bañarnos; cerrar el grifo al afeitarnos y lavarnos los dientes. Tirar diez gotas de agua por minuto, se traduce en dos mil litros al año. ¿Te imaginas el desperdicio que esto representa?

Cada vez usamos más cosas desechables, los platos en las reuniones ya no se lavan; un niño y hasta los adultos usan tres o cuatro vasos; dos o tres platos. Por eso encontramos en el campo tanta mugre y las banquetas de las ciudades y las calles lucen asquerosas.

¿Por qué hay ciudades en el mundo que lucen impecables, sin una colilla de cigarro siquiera en el piso? Porque hay educación, respeto, conciencia de limpieza y orden. ¿Cuándo las practicaremos nosotros?

Por otro lado, la cantidad de energía eléctrica que desperdiciamos es incalculable: secadoras, cargadores de baterías, abanicos, televisores, licuadoras. Aunque estén desactivados ¡consumen energía! Emiten toneladas de carbono a la atmósfera. Y si a todo esto agregamos el uso de millones de automóviles, camiones, aviones, tractores, entre otros que arrojan inmensas cantidades de gases por su indebido funcionamiento pues, de plano: queremos acabar con el único mundo que tenemos.

Todos conocemos el dicho: "No pases por esta vida sin sembrar un árbol, tener un hijo y escribir un libro", sin importar el orden en que lo hagas. Y aunque no a todos se les da el don de la paternidad, ni el talento de escribir un libro, es posible adoptar un hijo para darle amor y educación, escribir un pensamiento, predicar con el ejemplo, dejar huella.

En cuanto a sembrar un árbol, cualquiera puede hacerlo, y no uno, ¡muchos! Si lo hiciéramos, nos beneficiaríamos en lo individual y colectivo, y ayudaríamos al mejoramiento del planeta. Modificar nuestros hábitos y adquirir mayor sensibilidad por nuestro medio ambiente es responsabilidad de todos. Es urgente evitar ya la contaminación y contribuir conscientemente en la tarea de dejar este mundo mejor que como lo encontramos. ¿Empezamos hoy?

Cómo pasa el tiempo...

Destellos para valorar cada momento

Hace unos días recibí una invitación para asistir a una reunión de exalumnos del colegio en el que estudié. Después de treinta años de haber estado en esas aulas nos volvíamos a encontrar. ¡Imagínate! ¡Treinta años después! A muchos no los había vuelto a ver, el impacto fue tremendo. A unos se les notaban los estragos del tiempo más que a otros, pero, lo que más llamó mi atención fue el extraño fenómeno que nos afecta a muchos, creer que los demás se ven peor que nosotros. Decimos: "Hemos cambiado algo, ¡pero no tanto como fulanito!", y la verdad es que no vemos objetivamente los efectos que el tiempo ha tenido en nuestros cuerpos.

Qué razón tenía mi padre cuando me dijo: "Entre más años cumplas, sentirás que más rápido se te va la vida, que el tiempo pasa velozmente." Mi afán no es desmotivarte con esto, pero es cierto, ¿has notado lo rápido que pasa el tiempo? Aunque si sientes que el tiempo se ha ido velozmente, estoy seguro de que es porque estás ocupado en algo. Para los flojos, los desocupados y los aburridos, el tiempo corre lento.

Sentimos que el tiempo pasa lentamente cuando somos espectadores de lo que ocurre a nuestro alrededor, cuando no somos actores. "El tiempo es oro", dice el refrán, por eso hay que aquilatar su valor aprovechándolo al máximo. La pérdida del tiempo es un factor que determina la diferencia entre la eficacia y la ineficacia de las personas. Motivos y circunstancias que nos ocasionan pérdida del tiempo hay muchos, diversos factores intervienen, aunque algunos no dependen de nosotros.

¿Sabías que treinta por ciento del tiempo que debe ser productivo, se pierde por dos razones fundamentales que sí dependen de nosotros? Así es. La primera razón es que retrasamos lo que se debe hacer ya, caemos en las garras de la postergación, de dejar las cosas para después. Es necesario darle curso a cosas importantes; emprender acciones que ameritan una rápida solución para salir de ellas, pero las dejamos, les "sacamos la vuelta" y nos dedicamos a cosas menos importantes. Para cuando nos damos cuenta, invertimos el tiempo en actos irrelevantes, intrascendentes, dejando "para después" lo que ameritaba atención inmediata.

La segunda razón por la cual se nos escapa el tiempo, es que utilizamos métodos de comunicación ineficaces. Damos alguna indicación sobre cómo hacer algo, y damos por hecho que nuestro interlocutor entendió, pero no es así, la realidad es que la indicación fue entendida a medias por falta de claridad y eficacia. Jugamos al teléfono descompuesto: hablamos y hablamos, y no nos entendemos. Para evitarlo, te recomiendo que al dar una indicación, orden o hacer una solicitud, pidas al destinatario que confirme la información dada. Cada vez me asombra más la cantidad de errores de interpretación, y la cantidad de tiempo perdido en este tipo de situaciones.

Existen métodos eficaces para administrar el tiempo, todos son útiles, siempre y cuando "tengas tiempo" para conocerlos, aplicarlos y fomentarlos. Para esto, quiero compartirte tres hábitos simples que te ayudarán a optimizar tu tiempo. Esto se aplica a cualquier actividad que realices.

○ **1.** Fomenta el hábito de anotar tus pendientes; hacer una lista de ellos con base en su prioridad e importancia. La lista debe contener las tareas a realizar en tu trabajo y tus pendientes personales; la prioridad puede enfatizarse con letras o números. Déjame darte un ejemplo que, aunque parezca simple, fomentará un hábito positivo y útil: A: urgente; B: necesario, pero no urgente; C: deseable, pero sujeto a espacio.

Si quieres dormir tranquilo, haz tu lista de pendientes antes de ir a la cama, si por alguna razón no lo hiciste antes de acostarte, elabórala al despertar, antes de iniciar tus actividades diarias.

○ **2.** Evita el desorden. Alguien desordenado nunca tiene tiempo para nada, es experto en perder el tiempo. Si en una oficina están todas las cosas en su lugar y en una cocina todo está limpio y "ordenadito", se antoja estar ahí y nos motiva a trabajar. Te sugiero que te acostumbres a dejar las cosas de uso frecuente siempre en el mismo lugar, evitarás invertir tiempo en buscarlas. Las personas desordenadas, ya sea en su casa, en el estudio, en el trabajo y en cualquier parte, viven en constante estrés, nunca están en paz y sienten que no tienen tiempo, exclaman continuamente: "¡Qué rápido se me fue el tiempo!"

○ **3.** Cuidado con el síndrome "hágalo usted mismo". Hay quienes nunca delegan, ya sea porque quieren hacerlo todo, quieren abarcar mucho, y no han sido eficaces en repartir responsabilidades. Terminan cansados y desmotivados. Aprende a delegar. No te creas indispensable, enseña y capacita a tu gente para que tenga confianza en sus capacidades. No temas lo que para otros es apocalíptico: "Que el alumno supere al maestro." Siéntete orgulloso de tu enseñanza si sucede, y siembra sólo bien en tu camino.

A propósito del tiempo y de la sabia virtud de conocerlo, leí una reflexión que se intitula "Darle tiempo al tiempo", quiero compartir un fragmento contigo:

> El tiempo no se devuelve ni se detiene; camina a su ritmo, aunque a veces parezca que vuele o se estanque según el momento que vivimos. El tiempo sana o hiere; quita u ofrece; mata o da vida; llena o vacía sin ser culpable de lo que a su paso ocurra porque no es él quien realmente actúa, somos nosotros los que vivimos en el tiempo. El tiempo transforma, renueva o envejece; pierde o recobra su valor según lo utilicemos; se gana y multiplica cuando vivimos intensamente lo que trae consigo en cada segundo que se nos regala.

No olvides que el tiempo pasa, que cada segundo que se va, no retornará. Por eso es tan necesario cuidar, administrar, valorar el activo más grande que tenemos en la vida: nuestro tiempo.

¡Viejos, los cerros!

Destellos de juventud

E sa contundente respuesta la escuché de la voz fuerte y muy clara de alguien de ochenta y cinco años, que agregó: "Viejo el aire, y todavía sopla." Un hombre lleno de vitalidad, que pone gran entusiasmo en su plática, la cual rubrica con frecuentes y sonoras carcajadas. Es más, él tiene como deporte principal subir montañas, hacer caminatas de ocho y hasta doce horas a través de cerros y cañadas, descolgarse con una cuerda por paredes de hasta treinta metros, caminar cantando bajo las frondas de los pinares y disfrutar refrescando el cuerpo y el alma en las aguas cristalinas de algún río. Lo hace los fines de semana, por lo menos cada quince días. Entre semana brinca la cuerda, estira los músculos, se reúne con los amigos y juntos hacen un recuento y repasan la historia de sus hazañas.

¿Quién dijo que la edad se representa en los años vividos? Nada de eso. Los días, los meses y los años, son una medida inventada por el hombre para contabilizar el tiempo; sin embargo, no debe ser la forma de medir el curso de la vida y la vejez de una persona; conozco, y creo que tú también, a muchos jóvenes con actitudes de viejo, y a viejos que ostentan orgullosamente su jovial actitud.

Veo a muchachos que tienen toda la vida por delante y, no obstante, viven en un continuo fastidio; hartos de todo, sin ganas de nada, sin ambición alguna, sin metas, sin un horizonte fijo. Esos sí son viejos y no lo saben. Hay hombres en edad productiva que esperan impacientes el fin de semana y añoran ser jubilados sin más objetivo que ya no hacer nada, sólo descansar, pasar horas, días, meses y años en un constante aburrimiento. Eso es ir aceptando la vejez, sentirla, aparentarla y hasta contagiarla.

Comienzan poco a poco con un abandono de su ser, de su propia figura. Les da flojera arreglarse, afeitarse, vestirse, acicalarse un poco porque caen en la abulia del "ya para qué", y empiezan a desmoronarse, acumulan los rasgos de una vejez anticipada en su persona. ¡Nada de ejercicio! Nada de un entretenimiento productivo, de una distracción positiva. ¡Muchas horas frente a la televisión! Si acaso juegos de mesa con los amigos. Para ir a la tienda de la esquina, ahí está el auto. Se les cae un diente y luego otro, pero ya no los reponen, simplemente se hacen la promesa de que irán al dentista, pero dejan pasar los días, los meses y los años, y así se van sumiendo en esa apatía que no agrega años a su vida, solamente les agrega vejez.

¿Cómo se mide la vejez? Se me hace injusto medirla simplemente en forma cronológica o por la cifra de los años acumulados. Prefiero medirla a través de otros parámetros y estoy seguro que estarás de acuerdo conmigo:

○ **1.** *Perder la capacidad de asombro.* Sí, cuando dejan de asombrarnos las cosas simples de la vida, generalmente son las más significativas e importantes. Son las que se añoran cuando nos encontramos postrados en una cama por algún malestar o enfermedad: un amanecer, un bello atardecer entre nubes de oro, la sonrisa angelical de un niño, la suavidad y el color de las flores, el canto del viento, el murmullo de las aguas de un río, o una fuente, el brillo de la luna y las cosas simples de la naturaleza.

Qué tristes se ven las personas que pierden esa capacidad que se nos da con la vida, que dejan que la rutina y el hastío se apoderen de su voluntad, se vuelven incapaces de apreciar esos milagros. Ya no los asombra la importancia de apreciar a la gente que los rodea, de expresar y querer recibir amor, de expresar amistad. Eso es vejez de sentimientos.

○ **2.** *Perder el entusiasmo.* La palabra entusiasmo viene del latín y significa *entheos*, que quiere decir: con Dios dentro, es decir, que cuando actuamos con entusiasmo, Dios está en nosotros. El entusiasmo es esa chispa que algunas personas manifiestan en todo lo que hacen; es la forma inesperada y positiva de reaccionar ante lo inesperado; es ese impulso que nos mueve a que hagamos que las cosas sucedan; es el ingrediente que da fuerza a la palabra y da vida a nuestras acciones. Si perdemos el entusiasmo damos cabida a la vejez en nuestras acciones.

Si no sabemos lo que queremos o a dónde vamos, es difícil actuar con entusiasmo: necesitamos saber qué buscamos, qué necesitamos, qué deseamos que suceda. Viejos son quienes, con pocos años y vida saludable, padecen flojera crónica: son aburridos para actuar y para hablar; con sólo verlos nos provocan somnolencia. Como tratando de redimirse por su falta de acción y entusiasmo, exclaman tajantes: "Así soy y punto."

Si se pierde el entusiasmo por la vida se produce, en muchos casos, una separación entre 'el aburrido' y la gente que lo ama; se asoma la apatía y el desaliento en todas sus acciones, se pierden las ganas de reír, de jugar, de rodearse de gente entusiasta, acaba uno por sentirse viejo.

○ **3.** *No tener sueños ni metas.* John Knittel, escritor suizo, dijo: "Se es viejo cuando se siente más alegría por el pasado que por el futuro." Cuando se pierde el tener "un para qué" y un "por qué", cuando se esfuma el deseo de tener algo y un alguien por quién vivir, cuando no sentimos el deseo de lograr un anhelo o terminar los proyectos inconclusos en nuestra vida, cuando no hemos trazado una meta que nos brinde nuevas experiencias y aprendizajes, cuando dejamos pasar de lado las oportunidades de adquirir alguna destreza que ayude a mejorar nuestra condición y perdemos la brújula que nos ayuda a orientarnos en el trayecto de nuestra vida hacia puerto seguro. Eso es sentir vejez.

De nada servirá mantener con excusas la inacción de nuestro proyecto de vida, la falta de metas y los pretextos para no aceptar el compromiso de cumplirlas. Esconder la falta de acción en razonamientos como "¿quién me asegura que estaré vivo?", o "quién sabe cómo esté para entonces, o si esté" para fijar metas y compromisos, ésa es vejez mental, y la mente y el subconsciente influyen mucho en nuestra forma de ser. La mente debe usarse en pensamientos positivos, porque lo que no se usa se atrofia, pierde su funcionalidad. Estudios relacionados con el Alzheimer demuestran que la enfermedad puede estar latente sin ocasionar signos o síntomas de olvido, pero cuando la mente se deja de usar, el mal puede desarrollarse. Quizá alguien que tenga ese mal ni lo sepa porque se mantiene activo.

En resumidas cuentas, la vejez no es cuestión de años, es actitud. Por eso lo importante es ¡vivir!, no sólo "estar". Dale sentido a tu vida, ponla en acción, nunca pierdas la capacidad de asombro por las cosas simples, porque son las cosas que nos da Dios todos los días para hacernos felices. Vive siempre con entusiasmo, porque es el mejor contagio que podemos proporcionar a nuestros semejantes para alegrarles la vida. Ten siempre un proyecto, una meta, una ilusión, ¡vive para algo, para alguien!

Evita la vejez prematura, evita la vejez al grado de nunca sentirla, desecha las actitudes derrotistas y negativas y sentirás siempre la jovialidad del alma, porque el alma nunca envejece. Recuerda las palabras de Henri Fréderic: "No olviden que saber envejecer es la obra maestra de la vida, y una de las cosas más difíciles del gran arte de vivir."

Tres ingredientes
básicos para la cena de Navidad

Destellos de felicidad

La Navidad es una de las fechas que más nos emocionan y es quizá la ocasión que todos esperamos con más alegría y entusiasmo. Bueno, eso debería ser, ya que es cuando conmemoramos el nacimiento de Jesús. Es, sin duda, la fecha más bella del año, la que alienta en nuestros corazones los más sublimes deseos de amor y bienestar para todas las personas que amamos, para los hermanos, para los amigos, para la humanidad.

Los días previos vivimos aceleradamente por causa de los preparativos, apurados por la compra de regalos para nuestros seres queridos, por las reuniones con los amigos y familiares con los que cada año, en esa época, tenemos un acercamiento para patentizarles, con un abrazo, nuestros mejores deseos para su felicidad.

Al llegar la Noche Buena, queda atrás el ajetreo y el bullicio propio de nuestro ir y venir, nos preparamos a disfrutar de la reunión cristiana con la familia, del calorcito humano, de la dulce incertidumbre de nuestros niños que esperan anhelantes el regalo del Niño Dios, la llegada de Santa Claus y sentir todos que Jesús renace en nuestros corazones para darnos su amor.

En la época de Navidad sentimos el corazón inundado de amor, de buenos sentimientos, Dios nos abraza tiernamente y sentimos un profundo deseo de desparramar ese abrazo entre todos nuestros seres amados, entre nuestros amigos, entre toda la gente que encontramos a nuestro paso. No hay en la vida otra fecha que nos cale tan hondo el corazón y nos haga vivir intensamente el deseo de sentirnos buenos.

Yo quiero sugerirte que no falten, en la mesa de esa noche, tres ingredientes básicos para vivir una Navidad que realmente tenga trascendencia, que nos colme de paz, de felicidad, que perdure en nuestro recuerdo a través de todo el año hasta que Dios nos conceda la dicha de volver a celebrarla.

Primer ingrediente: perdón

Sí. Para invitar a Dios a nuestra mesa y estar en paz con nuestros semejantes, es necesario tener el alma libre de rencores, sin manchas del resentimiento por agravios y ofensas que hayamos recibido. Debemos desechar ese lastre para sentirnos libres y dispuestos a ser felices.

Es imposible recibir la alegría y la paz de Dios si en algún rincón de nuestro corazón tenemos refundido algún agravio, algún rencor contra un hermano, un amigo, una persona cualquiera. Mientras permanezca ese sentimiento, no podrá anidarse la paz para hacernos verdaderamente felices.

Perdonemos y pidamos perdón por los errores cometidos, por las faltas infringidas a nuestros familiares, a nuestros amigos, a nosotros mismos. El hecho de otorgar perdón abre la posibilidad de cerrar un ciclo negativo en nuestra vida. Anidar en nuestra mente recuerdos negativos nos hace vivir a medias, nos ciega de tal modo que nos impide percibir que la vida nos ofrece más vivencias positivas.

Si por algún motivo, la persona que ofendimos no está, y es imposible ofrecer una disculpa sincera, te sugiero que, en el silencio de tu habitación, cierres los ojos y digas de corazón: "Donde quiera que estés te pido perdón por tanto daño que te hice." Si es al contrario, el que tiene perdonar eres tú, di: "Donde quiera que estés, te perdono y te libero."

Este importante ingrediente, puesto en la mesa navideña con unas gotas de humildad, hará que nuestra cena tenga un sabor diferente, rico en aromas espirituales y abundantes dones. Disfrutemos de la intensa alegría y la dulce paz que emanan de un corazón libre de resentimientos y abundante de buenos deseos e intenciones, pródigo en amor y nobles sentimientos.

Segundo ingrediente: amor

¡Claro que el amor debe ser el platillo principal! El amor debe inundarlo todo, debe sentirse en todos nuestros actos, debe prodigarse, porque el amor es la única riqueza que va en aumento mientras más se da. La falta de amor es la mayor pobreza, decía la madre Teresa de Calcuta.

Para hacer que nuestro amor se sienta en los demás, es necesario no solamente demostrarlo con hechos, sino expresarlo con palabras, con muestras de afecto. Todos los seres humanos necesitamos sentir cuando menos diez manifestaciones de afecto cada día, escuchar que nos digan "te quiero", sentir las mieles de la expresión "te amo", pero nos hemos acostumbrado a la avaricia que nos impide ser generosos en nuestras expresiones de cariño hasta con las personas que amamos.

Es muy bonito expresar, aunque no haya razón aparente o motivo especial, un "te quiero" inesperado, un "te amo" acompañado de una caricia, alguna expresión que entre por los oídos de las personas que amamos y hagan saltar su corazón de gozo.

Hay quienes sienten pena al decir "te amo"; a otros se les hace una acción cursi, hay quienes escatiman en expresar ese sentimiento por cretinos. Amar y decirlo a la persona amada es disfrutar de ese extraordinario sentimiento, sin exigir algo a cambio. Quien no experimenta el amor y lo expresa, hallará su vida vacía, se sentirá solitario sin sentir en el corazón esa magnífica expresión llamada amor.

Por eso es que en Noche Buena, con el marco del ambiente navideño, de las luces de colores, las esferas y las risas de los niños, debemos desbordar el amor hacia los demás, ¡díganles que los aman! Díganlo fuerte para que su expresión llegue hasta el cielo y se sienta en el alma. Deseo, de todo corazón, que en su mesa de esa noche haya amor, pero ¡en abundancia!

Tercer ingrediente: alegría

¡Ah, qué aburrida e insípida es una Navidad sin alegría! La falta de este tan importante ingrediente es como si le faltara sal a los tamales, condimento al pavo o al pollo y azúcar a los buñuelos. Imagínense unos buñuelos sin azúcar, ¿a qué saben?, a masa desabrida. Así nos veremos ante los ojos de los demás si no actuamos con alegría.

Eso es lo que pasa cuando en lugar de estar alegres y poner el sentido del humor a todo vuelo, estamos con la cara hosca, el ceño fruncido, la boca torcida y aventando miradas amenazadoras a todos lados, callando a los niños porque gritan y ríen, refunfuñando por todo.

Cierto es que habrá algún motivo para que hasta en esa noche en la que todo debe ser alegría, la sombra de algún acontecimiento triste quiera estar presente y arruinarlo todo. Es posible que esta noche no esté a la mesa alguien a quien amamos, porque se bajó de este tren de nuestra vida en la estación anterior. No estemos tristes, no. Ofrezcamos a Dios ese recuerdo con la firme convicción de que ese ser querido goza ya de la presencia divina de Él, y estemos alegres "porque la vida sigue", porque tenemos a nuestro alrededor otros seres que necesitan de nuestra alegría, nuestro amor y cuidado.

Quizá hubo algún acontecimiento que nos fue desagradable e inquietante, ¡dejémoslo afuera! Que no enturbie la claridad y la paz de esta celebración. Hay que vivir la Noche Buena con optimismo, con esperanza, contagiando a los demás con nuestra alegría.

Te quiero compartir la anécdota del niño negativo, pusilánime e inseguro, y el niño optimista, seguro de sí mismo y alegre, que vivían en un pueblo. El día de Navidad, el niño negativo despertó y vio al lado de su cama una bicicleta. "¡Uh!", exclamó, "¡una bicicleta! Seguramente me voy a caer, me voy a golpear, mis amigos me la van a pedir, ¿para qué una bicicleta?"

El otro niño despertó optimista y feliz, y se topó de buenas a primeras con una caja con estiércol, que a modo de broma el papá había puesto al lado de su cama. El niño vio la caja, saltó de la cama y con un sonoro grito de alegría exclamó: "¡Dónde está el caballo que me trajo Santa Claus!" Eso es optimismo, eso es alegría.

No olvidemos lo que verdaderamente significa la Navidad: un renacer a lo bueno, a la esperanza. Yo deseo que en sus mesas incluyan siempre estos tres ingredientes que harán la gran diferencia y además sazonarán su cena, por más humilde que sea.

Propósito principal de Año Nuevo: ¡ser feliz!

Destellos de renovación

Todo en la vida depende de nosotros mismos. Cuando termina un año cerramos un capítulo, un acto de nuestra existencia; bajamos el telón por unos cuantos minutos, para abrirlo de nuevo al siguiente acto, al siguiente año y así nos regimos año con año para analizar nuestros avances o retrocesos.

Ese pasar de un año a otro, como si realmente sintiéramos que nos adentramos en una vida nueva, nos motiva a intentar cambios en nuestro comportamiento, en nuestros hábitos, porque sabemos que esos cambios nos ayudan a crecer, a madurar.

Un nuevo año es una invitación a la renovación. Nos provoca buenos deseos, trae nuevos aires a nuestra vida. El sentir que un año se va y llega otro nos hace sensibles a querer ser mejores.

Quizá por eso atiborramos nuestra mente con un montón de buenos deseos y propósitos que resumimos precipitadamente en los doce segundos anteriores a la medianoche del último día del año, y las devoramos a la velocidad de una uva por segundo. Desde minutos antes de que suenen las doce campanadas, ya estamos todos en grupo esperando la primera, y con todos los pensamientos convertidos en deseos atiborrando nuestra mente, imagínate: ¡un propósito por segundo! Como si pudieran resumirse cada uno en una palabra: comer, vivir, pasear, enflacar, engordar. Claro que, cuando mucho, podemos hilvanar en la mente cuatro o cinco propósitos en esos doce segundos.

Pero, ¿cumplimos esos propósitos?, ¿logramos esos anhelos? Difícilmente. Más del ochenta por ciento de lo que decidimos intentar se queda en eso, en intento. Somos buenos para construir sueños que fácilmente se quedan en el olvido.

Eso pasa porque los propósitos o deseos que quisiéramos llevar a cabo están, muchas veces, fuera de la realidad, son propósitos difíciles de cumplir o se hacen nada más por hacerles el juego a los demás y salir del paso, porque si lo que deseamos es sacarnos la lotería o que nos den un paseo por el espacio, pues ya estuvo que los deseos podrán ser parte de los propósitos para otro año y muchos más. Hay quienes prometen no beber durante la cuaresma, pero mejor sería que bebieran los cuarenta días y practicaran la abstinencia el resto del año. Hoy deseo compartirte algunas de las razones por las cuales los propósitos de año nuevo no se concretan. Quiero que analices los siguientes razonamientos y estoy seguro que lograrás verdaderos cambios en tu vida.

Evita la tentación de hacer muchos propósitos

Eso de tragarse un propósito en cada uva, sospecho que fue una gran idea del dueño de algún viñedo para incrementar el consumo de su producto. No hagas doce propósitos, ¡son muchos! Difícilmente podremos manejar doce nuevos hábitos en nuestra vida. Bastan dos o tres cuando mucho. No te empalagues con propósitos y mucho menos te atragantes con tantas uvas que te vayan a ocasionar el iniciar un año nuevo con un retortijón tremendo. Es más, haz la prueba, tampoco se pueden engullir doce uvas en doce segundos, ¿entonces?

Que el cumplimiento de tus propósitos pueda medirse

Es fundamental que podamos medir nuestros avances, nuestros logros. Lo que no se mide no se valora y perdemos motivación para continuar con el esfuerzo. Por ejemplo: si el propósito es bajar diez kilos de peso, pues no te propongas hacerlo en un mes, marca un plazo razonable, un plazo convincente y, sobre todo, realizable.

Aquí lo que cuenta es la perseverancia, la decisión inquebrantable de forjar un hábito, el no inventar o desear que se presenten pretextos que nos hagan flaquear porque si le damos entrada a uno será muy fácil encontrar muchos para romper el propósito y tirarlo a la basura. ¡Seguiremos panzones y con lonjas!

Si se trata de aprender un nuevo idioma, haz el propósito de que en ocho o diez meses habrás dominado cincuenta por ciento del aprendizaje. Si lo que te haz propuesto es ser más ordenado en tus hábitos de vida, procura medir ese propósito en diversos estándares: pago de cuentas, orden de archivos, forma de guardar la ropa, mejorar la alimentación, etcétera.

Cuántos flaqueamos al inicio y para el mes de febrero nuestra recámara luce como una bodega o cual vil chiquero, nuestra oficina es un caos, en casa nos tropezamos con nuestra propia ropa y seguimos llenándonos de comida chatarra, no habremos aprendido otro idioma y seguiremos siendo los mismos desordenados que éramos apenas el último día del año que acaba de pasar.

Algunos propósitos no podrán ser medidos por ser intangibles, como mejorar el carácter, ser una persona asertiva, ser más servicial o expresivo. El avance lo notaremos con base en las opiniones o expresiones de quienes nos rodean, y eso nos motivará a seguir por ese camino.

Escribe tus propósitos

No dejes que el viento se los lleve, ¡escríbelos! Preferentemente en un papel de color llamativo, ¡y si es posible, colócalo en algún lugar visible! El hecho de escribir nuestros propósitos y tenerlos a la vista nos incitará a ser formales en nuestro compromiso de cumplirlos. Escribir esos dos o tres propósitos claramente, con sus metas definidas, provocará en nosotros una sensación de responsabilidad y será un motivo más para lograr el éxito.

Compártelos

No te quedes con ellos. Durante varios años he realizado, en mis seminarios, una dinámica muy breve y al mismo tiempo muy efectiva. No tienes que llevarla antes o durante la celebración del año nuevo. Pide a las personas que estimas, a las personas que quieres, que escriban también sus propósitos con las características que te he comunicado hasta el momento; después diles que los compartan, porque si el escribirlos implica cierta responsabilidad, el compartirlos es como establecer un compromiso, ya que todos actuamos como testigos de que esos propósitos no habrán de quedarse en meras intenciones.

Haz tu plan a corto, mediano o largo plazo

No hay que dejar que el tiempo pase inútilmente. Es muy bueno mantener una constante medición del resultado de nuestros propósitos, de su cumplimiento. Tampoco debemos desmoralizarnos si vemos que en determinado tiempo no hemos alcanzado alguna meta propuesta. Debemos insistir, no sentirnos derrotados y abandonar el proyecto. Lo importante es no perder el tiempo sin hacer algo.

Me viene a la mente un pensamiento de Jaime Sabines que describe muy bien la importancia del tiempo en el logro de nuestros propósitos: "Cada día, hijo mío, que se va para siempre, me deja preguntándome: si es huérfano el que pierde un padre, si es viudo el que ha perdido la esposa, ¿cómo se llama el que pierde un hijo?, ¿cómo el que pierde el tiempo? Y si yo mismo soy el tiempo, ¿cómo he de llamarme si me pierdo a mí mismo?"

Cuando llega un año nuevo llega con él un nuevo tiempo. No lo perdamos. Hagamos de este nuevo año un motivo de renovación, dándole valor al tiempo. Hagamos siempre un propósito, ¡aunque sea uno!, y que seamos capaces de establecer el compromiso de llevarlo a cabo, de cumplirlo, de hacerlo realidad. Ahora que si son tres propósitos, meta que señalo líneas arriba, ¡pues qué mejor!

La vida y la muerte

Destellos de esperanza

Estoy seguro que tú y yo hemos tenido días en los que nos sentimos más sensibles a todo: a lo que nos pasa, a lo que nos dicen, a lo que vemos, a lo que vivimos y es entonces cuando a nuestra mente vienen los "porqués". Por qué pienso así; por qué me pasa esto.

Hace unos días me sentí así. Sé que debemos tener fe y que esta fe se pone a prueba constantemente y muchas veces flaqueamos y sentimos que se nos esfuma, que se nos deshace. Hace unos días tuve una conversación con una joven madre y con su esposo. Ella estaba sumamente conmovida a causa de un gran sufrimiento que sentía por una pérdida irreparable y me decía desesperada que deseaba que el tiempo pudiera regresarse, que pudiera haber una marcha atrás en lo acontecido en sus vidas, que fuera una pesadilla de la que pudiera despertar. Imploraba a Dios que le diera resignación y sentía que sus plegarias no llegaban a Él. Quería que su dolor fuera mitigado en forma inmediata porque sentía que no podría soportarlo más.

Sucedió que lo que se inició como un viaje para ir de compras a Laredo, Texas, en compañía de sus tres pequeñas hijas y una hermana, terminó en una tragedia. Viajaban felices, envueltas en risas y disfrutando del viaje. De pronto, el estallido de una llanta del vehículo hizo que éste saliera de la carretera y diera varias volteretas para quedar volcado entre piedras y arbustos. Segundos después aquel lugar se inundó de un silencio y una incertidumbre lacerantes: la muerte le arrebató la vida de una de sus tres hijitas, de tan sólo tres años y la de su hermana, que apenas había cumplido sus dieciocho. No iban a exceso de velocidad, llevaban puestos los cinturones de seguridad, las llantas estaban en buen estado; entonces: ¿por qué?

Tal vez nunca encontraremos respuesta de por qué suceden situaciones tan inesperadas y dolorosas como ésta. No alcanzamos a comprender ni podemos explicarnos por qué la vida tiene a veces cambios tan drásticos y dramáticos. En un caso como éste, ¿qué le puedes decir a una madre con el corazón destrozado por el dolor y a un padre que igualmente sufre atribulado? ¿Qué palabras pueden realmente consolarlos? Ninguna. El tiempo, tal vez.

Quienes hemos sentido de cerca la muerte a través de un ser querido, sabemos que el impacto es muy fuerte. Quisiéramos, como en el caso de esta joven señora, que el tiempo pudiera regresarse. "Es que hubo tantas cosas que yo quería decirle", "cómo quisiera que estuviera aquí para decirle cuánto la amo", y deseos y más deseos que quisiéramos haber expresado en vida de quien se ausentó para siempre.

La muerte llega. No sabemos cuándo ni cómo, ni dónde ni a qué hora, como en este lamentable accidente. Es muy difícil, muy penoso, tratar de atenuar el dolor, y más cuando se trata de jóvenes retoños que apenas se abrían a la vida. Nos duele además porque no hubo imprudencia, no hubo un motivo. Pensamos que fue el destino, que fue la suerte, que así lo quiso Dios, pensamos en karmas y otras excusas dependiendo de nuestras creencias. Aunque a veces somos nosotros quienes llamamos a la muerte ¡Claro! Cuando no vivimos una vida equilibrada y sana de cuerpo y alma. Cuando no cuidamos nuestro cuerpo; cuando somos víctimas del estrés; cuando caemos en las horribles y destructivas garras de las drogas y del alcoholismo, entonces le extendemos una invitación a la muerte. Y créeme: eso no es lo que Dios quiere.

Desde siempre la muerte es un misterio. Teorías van y vienen, pero nadie a ciencia cierta puede armar qué pasa con nosotros cuando cerramos los ojos para siempre.

Hay muchos libros que tratan este delicado e intrigante tema de la muerte. Algunos de ellos me han impactado en tal forma que me parece difícil tratar de comprenderla. Mencionaré algunos: *Sobre la muerte y los moribundos*, de Elizabeth Kübler Ross; *La vida después de la pérdida*, de Raymond A. Moody y Dianne Arcángel; *Más allá de la muerte, la vida y el amor*, de David Hyatt. Todos estos autores narran testimonios de personas que estuvieron en el umbral de la muerte y lograron visualizar caminos con gran luminosidad que conducían a lugares maravillosos. Y el común denominador de tales testimonios es que nadie quería regresar. Sentían tanta paz y tranquilidad en "ese lugar" que preferirían quedarse para siempre, no obstante los tantos lazos de unión con este mundo.

Nuestra fe nos dice que la verdadera vida no es esta; que estamos de paso, la verdadera vida es la que encontraremos después de la muerte que no es más que un paso. En verdad nos conviene creerlo; eso nos da un motivo para tratar de vivir bien y esperar algo mejor. Algo que me llamó la atención en la lectura de estos libros es que en todos se afirma que el estilo de vida que llevamos ahora será clave para después de la muerte. La Biblia lo dice y estos autores investigadores lo confirman. Algún día nos tocará a nosotros descubrirlo, cuando hayamos dado el paso final.

Pensamos que el miedo a la muerte es algo natural, sin embargo, quienes viven en armonía con la vida y con el objetivo de disfrutar cada momento como si fuera el último, tienden a preocuparse menos por ese momento que irremediablemente llegará.

He tenido la fortuna de conocer a personas que en el ocaso de su vida han llegado a comprender y a asimilar, serena y conscientemente, que la muerte es una liberación, que ella nos despoja de todos los lastres de la vida para ascender a lo eterno, a lo divino. Sabedores de que padecen alguna enfermedad en fase terminal, aceptan su gravedad, la enfrentan con decisión, con absoluta resignación y dan testimonio de su esperanza en una vida mejor, confortando a sus seres queridos y amistades con su alegría y entereza.

Decía Benito Pérez Galdós: "¡Dichoso aquél que ve venir la muerte con tranquilidad, y no tiene en su alma ni en sus negocios ningún cabo suelto que pueda agarrar ese pillete de Satanás!" De alguien escuché que debemos vivir siempre haciendo planes y albergando anhelos como si fuéramos a vivir para siempre, pero comportándonos como si fuéramos a morir mañana.

Goza tu vida, ¡vívela intensamente!

La risa es curativa

Destellos de vida

E l efecto de la risa es muy poderoso; cuando vemos que alguien ríe con ganas, con muchas ganas por algo que le contaron o que vio, acabamos todos riendo a carcajadas con él. Nos contagia con su risa y, sin pensarlo, en un minuto estamos todos en medio de un feliz estruendo de risas.

Por eso admiramos a esas personas que tienen sentido del humor y nos hacen partícipes de su franca alegría y con eso nos hacen sentir felicidad. Son personas que tienen el don de saber platicar algún chiste o anécdota y que cuando terminan de contarla, la rematan con una fuerte carcajada, y nos provoca más risa su propia risa que lo que nos contó.

La risa es de gran beneficio para la salud. Como médico he vivido ocasiones de asombro por los grandes beneficios que la risa causa en el organismo. He observado una gran diferencia en la salud de quienes tienen el hábito de reír, de estar alegres, y quienes andan todo el tiempo cargando con una cara que parece que acaban de beberse un vaso entero de limón con toronja en ayunas y ¡sin nada de azúcar!

Estoy seguro que al terminar de leer esto, vas a hacer todo el esfuerzo por reír con más frecuencia y con más ganas. Nietzche decía: "Diez veces por día debes reír y regocijarte; de lo contrario te molestará de noche el estómago, el padre de la gran aflicción."

Que la risa cura no es ningún secreto; ha sido demostrado en muchas ocasiones. Recordarás el caso del doctor Patch Adams, quien aplica, en su tratamiento para niños enfermos, una gran dosis de muecas, ademanes y chistes que los hacen reír y con eso ha demostrado que la risa es una gran terapia, pues además de alegrarlos en medio de su enfermedad, en muchos casos ha contribuido notablemente en su recuperación.

Por mi parte, he encontrado hasta el momento siete grandes beneficios que nos proporciona ese maravilloso hábito de reír:

○ 1. *Limpia y nivela las vías respiratorias.* ¿Te das cuenta que cuando reímos con ganas, con grandes carcajadas nos causa tos? Pues cuando tosemos se limpian nuestras vías respiratorias y eso ocasiona que nuestro organismo se oxigene mejor; si está bien oxigenado funcionará en forma excelente y nos conservaremos más sanos.

○ 2. *Nivela la presión arterial en las personas hipertensas.* La hipertensión es generalmente la antesala de cuadros graves como el infarto en el corazón o una embolia cerebral, males que causan tantas muertes. El reír, como si fuera parte de la terapia indicada por el médico, hace que la presión se nivele y se reducen los riesgos de sufrir alguna de estas dos complicaciones que ponen la vida en peligro.

○ **3.** *Alivia las tensiones y dolores musculares.* Sí, ni lo dudes. Al reír, el cuerpo libera una hormona, tan potente como la morfina, la cual calma el dolor. Esa hormona se llama endorfina. Si los hipocondríacos, esas personas que sienten dolores y síntomas de enfermedades extrañas y que muchas veces lo que buscan es llamar la atención de sus seres queridos, procuraran reír más y quejarse menos, serían más felices.

○ **4.** *Mejora la digestión y disminuye el estreñimiento.* Sí, porque ¡ah cómo hay gente tapada! Rehúsan ir al baño porque piensan que será inútil; no podrán. Y cuando al fin lo logran, ¡hasta lo anuncian! Padecen tanto que si procuraran tomar agua en abundancia y reír, reír con frecuencia, reír con ganas, reír a carcajadas, leer chistes, ver películas cómicas y comedias alegres, en lugar de mensajes de terror, no andarían cargando en el estómago todavía los tamales de la Navidad pasada.

○ **5.** *Activa y reactiva el aparato inmunológico de defensa.* Una buena carcajada al día, de perdida, hace que los linfocitos T se activen y, por lo tanto, eso nos reduce el riesgo de enfermar. Esto es algo descubierto recientemente y ha causado gran revuelo. Simplemente, en la mañana que se levanten y se vean al espejo: ¡suelten una carcajada! Acuérdense de algún chiste, de alguna anécdota festiva y si no se acuerdan de nada, como quiera suelten la carcajada. Lo único que puede pasar es que quienes los rodean piensen que están locos, pero vale la pena.

○ **6.** *Se verán más jóvenes.* Se sentirán más jóvenes. Una persona sonriente, afable y confiada en sí misma, aparenta siempre menos edad de la que tiene. Tiene sesenta y se ve como que anda pisando los cincuenta y cinco. Fíjate en esas amistades o familiares que se ven jóvenes sin haber recurrido a la cirugía, al botox o cualquier técnica de "hojalatería" corporal, y observarás en ellas el hábito de reír frecuentemente; siempre los verán sonrientes y felices.

7. *La risa reduce la impotencia y la frigidez.* ¡Ah! Ésta es muy importante. Estoy seguro que jamás lo hubieras pensado. A lo mejor nunca te habría pasado por la mente. Pero es cierto, que no te quede duda alguna. Así como lo estás leyendo, y si con este gran beneficio que la risa proporciona no logro impresionarte ni motivarte, pues no habrá poder humano que lo haga. Te recomiendo que agregues a tu vida diaria constantes dosis de risa y alegría y eso retardará, quizás evitará, que tengan que comprar medicamentos "revitalizadores" para ser campeones en la intimidad.

Pues sí. Reír, como parte esencial de nuestra forma de ser, será siempre un hábito saludable. Busca siempre motivos para reír todos los días y si no los encuentras, ¡invéntalos! Ten la costumbre de saludar con una sonrisa. El día que se va sin que hayamos tenido la oportunidad de reír es un día que no cuenta en nuestro calendario; dicen que reír es como enseñar los dientes al destino.

Alguien escribió en alguna parte que una sonrisa no cuesta nada y sí crea mucho. Enriquece a quienes la reciben sin empobrecer a los que la brindan. Sucede en un instante y, algunas veces, su recuerdo permanece para siempre.

Nadie es tan rico ni tan pobre que no puede seguir adelante sin una sonrisa, pero todos se enriquecen con sus beneficios. La sonrisa crea felicidad en el hogar, alienta la buena voluntad en los negocios y es siempre la contraseña de los amigos.

La risa, la sonrisa, es un alivio para los cansados; da luz a los desalentados, a los tristes. Sin embargo, la risa no se puede comprar, pedir, prestar o robar, porque no es un bien terrenal.

Pero la tienes siempre al alcance, sólo tienes que tener el deseo de estar bien, y ser feliz.

¡Ríe, ríe con ganas!

Esta obra se terminó de imprimir en marzo de 2011
en los talleres de Litográfica Ingramex, S.A. de C.V.
Centeno 162-1, Col. Granjas Esmeralda,
C.P. 09810, México, D.F.

6970